Effektiver Kundenschutz bei Finanzdienstleistungen

Schriftenreihe der Forschungsstelle für Finanz-
dienstleistungsrecht der Philipps-Universität
Marburg

Herausgegeben von Gilbert Gornig und Hans-Detlef Horn

Band 7

Zur Qualitätssicherung und Peer Review der vorliegenden Publikation

Die Qualität der in dieser Reihe erscheinenden Arbeiten wird vor der Publikation durch den Herausgeber der Reihe geprüft.

Notes on the quality assurance and peer review of this publication

Prior to publication, the quality of the work published in this series is reviewed by the editor of the series.

Philipp Harbrecht

Effektiver Kundenschutz bei Finanzdienstleistungen

– unter besonderer Berücksichtigung der VVG Novelle und des Informationsmodells

PETER LANG

Bibliografische Information der Deutschen Nationalbibliothek
Die Deutsche Nationalbibliothek verzeichnet diese Publikation in der Deutschen Nationalbibliografie; detaillierte bibliografische Daten sind im Internet über http://dnb.d-nb.de abrufbar.

Zugl.: Marburg, Univ., Diss., 2018

Abbildung auf dem Umschlag:
Siegel der Philipps-Universität Marburg.
Abgedruckt mit freundlicher Genehmigung des
Präsidiums der Philipps-Universität Marburg.

D 4
ISSN 1619-439X
ISBN 978-3-631-79249-0 (Print)
E-ISBN 978-3-631-79855-3 (E-PDF)
E-ISBN 978-3-631-79856-0 (EPUB)
E-ISBN 978-3-631-79857-7 (MOBI)
DOI 10.3726/b16008

Peter Lang – Berlin · Bern · Bruxelles · New York ·
Oxford · Warszawa · Wien

Diese Publikation wurde begutachtet.

www.peterlang.com

Vorwort

Die vorliegende Arbeit befasst sich mit dem Kundenschutz bei Finanzdienstleistungen. Sie soll einen Überblick über den aktuellen Stand dieses bedeutenden und doch völlig heterogen und wenig abgestimmt geregelten Rechtsgebietes geben.

Trotz der enormen Bedeutung, die den Finanzdienstleitungen in nahezu jedem Bereich des täglichen Lebens zukommt, fehlt es bisher an dem gesetzgeberischen Willen, dieses Rechtsgebiet harmonisiert zu regeln. Dies resultiert in erster Linie daraus, dass das gesetzgeberische Leitbild von Finanzdienstleistungen längst nicht mehr mit der Realität im Einklang steht. Nach wie vor geht der Gesetzgeber von einer klassischen Trennung von Bank- und Versicherungsdienstleistungen aus, obwohl hybride Dienstleistungen, also Dienstleistungen, die sich Elemente beider Bereiche bedienen, inzwischen zu den bedeutendsten Finanzdienstleistungen gehören.

Zuletzt wurde mit der grundlegenden Reform des Versicherungsvertragsgesetzes die Chance vergeben, diese überholte Trennung aufzugeben und ein neues, modernes Leitbild von Finanzdienstleistungen zu etablieren. Damit wäre es möglich gewesen, den Weg zu einem effektiven Kundenschutz zu beschreiten.

Stattdessen versucht der Gesetzgeber den Schutzstandard für die Kunden dadurch zu erhöhen, dass er den Anbietern von Finanzdienstleistungen immer neue und umfangreichere Informationspflichten auferlegt. Der Kunde soll durch umfassende Informationen dazu befähigt werden, das für ihn geeignetste Angebot am Markt zu finden. Leider verfehlen diese Informationspflichten jedoch ganz überwiegend ihr Ziel. Die Kunden werden mit einer solchen Flut an Dienstleistungen überschüttet, dass ihnen ein Vergleich oder gar eine zielführende Bewertung der Angebote am Markt nicht mehr möglich ist.

Aber auch an europäischen Rahmenbedingungen scheitern Versuche der jüngeren Vergangenheit einen besseren Schutzstandard zu erreichen. Auf europäischer Ebene können sich die Mitgliedsstaaten meist nur auf einen minimalen gemeinsamen Nenner verständigen. Dies führt unweigerlich zu unterschiedlichen Regelungen und verschiedenen Schutzstandards in den Mitgliedsstatten. Dieser Umstand wiederum trägt dazu bei, dass die Kunden von Finanzdienstleitungen Anbietern aus anderen Mitgliedsstaaten nicht wirklich vertrauen. Von einem harmonisierten Binnenmarkt für Finanzdienstleitungen wird daher noch lange keine Rede sein können.

Diese Arbeit soll Wege hin zu einem effektiven Kundenschutz bei Finanzdienstleistungen aufzeigen und konkrete Umsetzungsvorschläge benennen. Denn nur ein funktionierender Finanzmarkt kann seine zentrale Rolle im Wirtschaftsleben ausfüllen und damit zum Wohle vieler beitragen.

Besonders danken möchte ich meinem hochverehrten Doktorvater, Herrn Prof. Dr. Dr. h.c. mult. Gilbert Gornig, der mich bei der Erarbeitung des Promotionsthemas und über die gesamte Promotionszeit unterstützend begleitet hat. Ohne seine Unterstützung wäre diese Arbeit nicht möglich gewesen. Besonders gefreut und geehrt hat mich sein Angebot, diese Arbeit in der vom ihm mit herausgegebenen Schriftenreihe der Forschungsstelle für Finanzdienstleistungsrecht an der Philipps-Universität Marburg zu veröffentlichen.

Nicht minder danken, möchte ich meiner Familie, meiner Frau Dr. Nalan Sinanoglu-Harbrecht und meiner Tochter Hannah für ihre Geduld, Verständnis und ständige Unterstützung.

Marburg, im Juni 2019 Philipp Harbrecht

Inhaltsverzeichnis

Abkürzungsverzeichnis 13

A. Einleitung und Fragestellung 17

B. Gang der Arbeit 23

C. Begriffsklärungen 25

I. Finanzdienstleistungen 25
II. Finanzprodukte 27
III. Versicherungsprodukte 27
IV. Kredit 28
V. Zahlungsdienste 29
VI. Investmentfonds 29
VII. Bausparverträge 29
VIII. Finanzdienstleister 30
IX. Finanzvermittler/Finanzanlagenvermittler 31
X. Versicherungsvermittler 31
XI. Versicherungsmakler 32
XII. Allfinanzvermittler/Vermögensberater 32

D. Verbraucherschutz/Kundenschutz 33

I. Historische Betrachtung 33
II. Der Verbraucher von Finanzprodukten 34
1. Geeignete Gegenpartei 37
2. Professionelle Kunden 37
3. Privatkunden 37

III. Herleitung und Gliederung des Verbraucherschutzes auf nationaler Ebene 39
1. Kompensation durch Information 41
2. Kompensation durch inhaltlich zwingende Vorgaben 42
3. Widerruf 42
4. Verbundene Verträge 44
IV. Zwischenergebnis 44

E. Entwicklung des Kundenschutzes bei Finanzdienstleistungen 47
I. Financial Service Action Plan 49
II. Market in Financial Instruments Directive 50
III. Versicherungsvermittlerrichtlinie 52
IV. Verbraucherkreditrichtlinie 2008 52

F. Kundenschutz beim Versicherungsvertrag 55
I. Größere Gewichtung von Beratung und Information 57
II. Abschaffung des Policenmodells 57
III. Einheitliches Vertragslösungsrecht 57
IV. Obliegenheiten 58
V. Neuaufnahme von Versicherungen 58
VI. Anerkenntnis des Versicherers 58
VII. Vermittlerrecht 59
1. Erlaubnisbefreiung gemäß § 34 d Abs. 3 GewO – „Produktakzessorische“ Vermittler 61
2. Erlaubnisbefreiung gemäß § 34 d Abs. 4 GewO – Gebundene Vermittler 62
3. Erlaubnisbefreiung gemäß § 34 d Abs. 9 GewO – Annexvertrieb 62
4. Informationen über den Vermittlerstatus 63

VIII. Vertragsschluss nach dem VVG 2008 64
1. Invitatiomodell 64
2. Antragsmodell 65
IX. Erweiterte Beratungs- und Dokumentationspflichten 65
1. Grundsatz 65
2. Verzicht auf die Beratung 67
X. Informationspflichten 67
1. Informationsinhalt 68
(a) Besondere Informationen gemäß § 2 VVG-InfoV 69
(b) Besondere Informationen gemäß § 3 VVG-InfoV 70
(c) Produktinformationsblatt gemäß § 4 VVG-InfoV 71
(d) Informationspflichten bei Vertragsschluss per Telefon 72
(e) Informationspflichten während der Vertragslaufzeit 72
2. Informationszeitpunkt 73
XI. Widerrufsrecht 74
XII. Transparenzprobleme der VVG-InfoV 76
1. Offenlegung der einkalkulierten Kosten 76
2. Nicht ausgewiesene Anlagekosten 78
XIII. Zwischenfazit 80

G. Kundenschutz bei Finanzprodukten 81
I. Instrumente des Kundenschutzes 81
II. Neuere Gesetzgebungsakte 81
III. Wertpapiergeschäfte 82
1. Gesetzliche Informations- und Aufklärungspflichten 82
2. Beratungspflicht 83
(a) Bond-Urteil des BGH 85
(b) Ausnahmen von der Beratungspflicht 87
(1) Discount Broker 87
(2) Execution-Only 88
3. Protokollierungspflicht 89

IV. Kreditgeschäfte ... 90
1. Die Verbraucherkreditrichtlinie ... 90
(a) Die deutsche Umsetzung ... 91
(1) Werbung für Verbraucherdarlehen ... 92
(2) Vorvertragliche Informationen ... 92
(3) Insbesondere Angabe des effektiven Jahreszinses ... 93
(i) Angabe eines zu hohen effektiven Jahreszinses ... 93
(ii) Angabe eines zu niedrigen effektiven Jahreszinses ... 93
(iii) Fehlen einer Angabe des effektiven Jahreszinses ... 94
(b) Kündigung und vorzeitige Rückzahlung ... 95
2. Verbundene Verträge ... 96
V. Zahlungsverkehr ... 97
1. Zahlungsdienstleistungen ... 97
2. Zahlungsdienstevertrag ... 98
3. Betroffener Personenkreis ... 100
4. Informationspflichten ... 100
5. Widerruf ... 100
6. Ausführungsfristen ... 101

H. Zweckmäßigkeit von Informationspflichten bei Finanzdienstleistungen und Alternativen ... 103
I. Die verschiedenen Ausprägungen von Information ... 103
1. Aufklärung ... 103
2. Beratung ... 104
3. Sonstige Informationen ... 105
II. Wirtschaftliche Bedeutung von Informationspflichten ... 106
III. Effektivität von Informationen ... 106
1. Fachübergreifende wissenschaftliche Studien ... 107

(a) Information-overload 108
(b) Subjektive Wahrnehmung von Produktinformationen 109
(c) Informationsverarbeitung 110
(d) Theorie des wahrgenommenen Risikos 112
2. Vermittlung von Informationen 113
IV. Zwischenergebnis 113
V. Weitere Aspekte der Informationspflichten 115
VI. Informationspflichten aus Sicht der Verpflichteten 116
VII. Fazit 117

I. Neuer Ansatz 119
I. Erstarken der Allfinanzunternehmen 119
II. Notwendigkeit geänderter Schutzmaßnahmen 120
III. Informationskosten 121
IV. Neufestlegung des zu schützenden Personenkreises 123
V. Das Prinzip der Eigenverantwortung 124
VI. Zugangsbeschränkungen zu den Kapitalmärkten 126
VII. Bildung von Gefahrengruppen 128
VIII. Der aufgeklärte Anleger 130
IX. Nationale Vorschriften vs. einheitliche europäische Regelung 133
1. Mindestharmonisierung 133
2. Vollharmonisierung 134
(a) Schwächen der Vollharmonisierung 135
(b) Die Beseitigung von Sprachbarrieren 137
(c) Lückenhafte (Voll) Harmonisierung 138
(d) Fazit 139
X. Effektiver Kundenschutzansatz 140

J. Ergebnis ... 145

Literaturverzeichnis ... 149

I. Bücher und Aufsätze ... 149

II. Richtlinien / Mitteilungen ... 154

Abkürzungsverzeichnis

a.F.	alte Fassung
ABl.	Amtsblatt
Abs.	Absatz
AbzG	Abzahlungsgesetz
AG	Die Aktiengesellschaft (Zeitschrift)
Art.	Artikel
Az.:	Aktenzeichen
BaFin	Bundesanstalt für Finanzdienstleistungs-aufsicht
BAKred	Bundesaufsichtsamt für das Kreditwesen
BAVers	Bundesaufsichtsamt für das Versicherungs-wesen
BAWe	Bundesaufsichtsamt für Wertpapierhandel
BB	Der Betriebsberater
Begr.	Begründung
BFuP	Betriebswirtschaftliche Forschung und Praxis
BGB	Bürgerliches Gesetzbuch
BGBl.	Bundesgesetzblatt
BGH	Bundesgerichtshof
BGH	Bundesgerichtshof
BGHZ	Bundesgerichtshof in Zivilsachen
BKR	Zeitschrift für Bank- und Kapitalmarktrecht
BspKG	Bausparkassengesetz
bspw.	beispielsweise
BT-Drucks.	Bundestag Drucksache
BVerfG	Bundesverfassungsgericht
ders.	derselben
DIHT	Deutsche Industrie- und Handelskammertag
DStR	Deutsches Steuerrecht (Zeitschrift)
EFTA	European Free Trage Association; Europäische Freihandelsassoziation
EG	Europäische Gemeinschaft
EG	Europäische Gemeinschaft
EGBGB	Einführungsgesetz Bürgerliches Gesetzbuch
Einf.	Einführung
endg.	endgültig
etc.	et cetera

EU	Europäische Union
EuGH	Europäischer Gerichtshof
EUGVVO	Verordnung über die gerichtliche Zuständigkeit und die Anerkennung und Vollstreckung von Entscheidungen in Zivil- und Handelssachen
EuZW	Europäische Zeitschrift für Wirtschaftsrecht
EVÜ	Europäisches Schuldvertragsübereinkommen
EWG	Europäische Wirtschaftsgemeinschaft
f.	folgende
FernAG	Fernabsatzgesetz
ff.	folgende
FinDAG	Finanzdienstleistungsaufsichtsgesetz
FinVermV	Verordnung über die Finanzanlagenvermittlung
FS	Festschrift
GewO	Gewerbeordnung
GPR	Zeitschrift für das Privatrecht der Europäischen Union
HFR	Humboldt-Forum Recht
Hrsg.	Herausgeber
i.V.m.	in Verbindung mit
JcP	Juris-Classeur périodique
JuS	Juristische Schulung
JZ	Juristenzeitung
KOM	Europäische Kommission
KWG	Kreditwesengesetz
m.w.N.	mit weiteren Nachweisen
MiFiD	Markets in Financial Instruments Directive
n.F.	neue Fassung
NJOZ	Neue Juristische Online-Zeitschrift
NJW	Neue Juristische Wochenschrift
Nr.	Nummer
o.g.	oben genannt
OLG	Oberlandesgericht
PAngV	Preisangabenverordnung
PK-VersR	Praxiskommentar zum Versicherungsrecht
RegE	Regierungsentwurf
RGBl.	Reichsgesetzblatt
Rn.	Randnummer
S.	Seite

Slg.	Sammlung von Entscheidungen, Gesetzten, etc.
sog.	sogenannt
UWG	Gesetz gegen den unlauteren Wettbewerb
VerbrKrG	Verbraucherkreditgesetz
VerbrKrG	Verbraucherkreditgesetz
VermVersV	Versicherungsvermittlerverordnung
VersR	Versicherungsrecht
Vgl.	vergleiche
VuR	Verbraucher und Recht
VVG	Versicherungsvertragsgesetz
VVG-InfoV	Versicherungsvertragsgesetz Informationspflichtenverordnung
WM	Wertpapier Mitteilungen
WpHG	Wertpapierhandelsgesetz
ZBB	Zeitschrift für Bankrecht und Bankwirtschaft
ZEuS	Zeitschrift für europarechtliche Studien
ZHR	Zeitschrift für das gesamte Handelsrecht und Wirtschaftsrecht
ZIP	Zeitschrift für Wirtschaftsrecht
zit.	zitiert

A. Einleitung und Fragestellung

Kundenschutz bei Finanzdienstleistungen ist ein stets kontrovers diskutiertes Thema. Insbesondere die Finanzkrise im Jahre 2008 und die daraus resultierenden Folgen haben den Blick der Öffentlichkeit verstärkt auf die Qualität von Finanzprodukten sowie Finanzdienstleistern und die Folgen von Falschberatungen gelenkt.[1] Grund hierfür waren die zum Teil existenzbedrohenden finanziellen Verluste einzelner Anleger aufgrund falsch gewählter Finanzierungs-, Anlage- und Vorsorgestrategien.

Der deutsche Markt sticht hierbei durch eine unvergleichliche Masse und Vielfalt der am Markt beteiligten Akteure hervor. Im Jahr 2008 kamen in Deutschland 0,61 Vermittler auf 100 Einwohner. Das ist der europäische Spitzenplatz. Auf die gleiche Einwohneranzahl kamen in Großbritannien beispielsweise 0,27 und in den Niederlanden nur 0,2 Vermittler.[2]

Doch nicht nur die Finanzkrise gibt Anlass dazu, nach neuen Wegen für den Kundenschutz bei Finanzdienstleitungen zu suchen. 50 bis 80 % aller Langfristverträge werden von den Kunden nicht durchgehalten und häufig bereits in den ersten Jahren nach Vertragsschluss gekündigt. Hierdurch entstehen den Kunden oftmals erhebliche finanzielle Verluste.[3] Allein für Deutschland wird dieser finanzielle Schaden auf jährlich 20 bis 30 Mrd. Euro geschätzt.[4] Dies bedeutet, dass jeder Bundesbürger Verluste von rechnerisch bis zu 360 Euro pro Jahr aufgrund frühzeitig gekündigter Finanzverträge zu verbuchen hat.

Den Kunden von Finanzdienstleistungsunternehmen – aber auch den Finanzdienstleistern selbst – wurde in den vergangenen Jahren einiges abverlangt. Kaum eine andere Branche hat sich so rasant entwickelt und verändert. Durch zunehmende Internationalisierung und technologische Fortschritte drängen immer mehr und neuartige Produkte aus dem In- und Ausland auf die

---

1 Im September 2008 legte das Bundesministerium für Ernährung, Landwirtschaft und Verbraucherschutz eine bei dem Forschungs- und Beratungsinstitut Evers & Jung in Auftrag gegebene Studie „Anforderungen an Finanzvermittler – mehr Qualität, bessere Entscheidungen" vor. Bereits in dieser Studie werden offensichtliche Schwächen der aktuellen Gesetzeslage aufgezeigt. Dennoch hat sich an dieser Situation bisher nicht viel geändert, obwohl unter dem Einfluss der Wirtschaftskrise eine Vielzahl an Gesetzesnovellen erlassen wurde.

2 Evers/Jung, Finanzvermittler, S. 9.

3 Evers/Jung, Finanzvermittler, S. 9.

4 Evers/Jung, Finanzvermittler, S. 9.

nationalen Finanzmärkte.[5] Hierdurch werden den Kunden neue Möglichkeiten bei Kapitalanlagen und Versicherungen geboten. Es gibt heute kaum noch einen Lebensbereich, für den es nicht speziell zugeschnittene Finanz- oder Versicherungsprodukte gibt.

Doch können sich neue Entwicklungen und die sich daraus ergebenden Chancen nur dann beim Kunden auch positiv bemerkbar machen, wenn dieser in der Lage ist, die für ihn geeignetsten Angebote auszusuchen. Es ist inzwischen wissenschaftlich belegt, dass die Kunden immer weniger in der Lage sind, sich bei der Vielfalt der angebotenen Finanzprodukte zurecht zu finden.[6]

Auch aufgrund immer neuerer europarechtlicher Vorgaben ist in den letzten Jahren eine Vielzahl an Neuerungen und Änderungen auch im nationalen Recht umgesetzt worden.[7]

Insbesondere das Recht der Versicherungen und Versicherungsvermittler hat sich stark gewandelt. Zunächst sorgte die Vermittlerrichtlinie[8] für eine grundlegende Neuordnung der berufsrechtlichen Regelungen für Versicherungsvermittler. Im Anschluss schuf der Gesetzgeber mit der Reform des Versicherungsvertragsgesetzes (VVG) eine in wesentlichen Bereichen völlig neue Gesetzesgrundlage für Versicherungsverträge.

Nach diesem Vorbild haben sich der europäische und der nationale Gesetzgeber nun auch der Finanzanlagenvermittler angenommen. Seit längerer Zeit ist es ein erklärtes Ziel des Kundenschutzes bei Finanzdienstleistungen auch den sogenannten Grauen Kapitalmarkt zu regulieren. Hierzu hat der Gesetzgeber das Gesetz zur Neuregelung des Finanzanlagenvermittler- und Vermögensanlagenrechts vom 6. Dezember 2011 erlassen.[9] Gewerbliche Anlagenvermittler müssen vor Aufnahme ihrer Tätigkeit nun erst das Zulassungsverfahren nach den neuen §§ 34f und g GewO durchlaufen. Am 1. Januar 2013 trat die auf Grundlage des § 34g GewO erlassene Finanzanlagenvermittlungsverordnung (FinVermV)[10] in Kraft.

---

5 Vgl. auch Mitteilung der Kommission „Vermittlung und Erwerb von Finanzwissen", KOM(2007) 808 endg. vom 18. Dezember 2007, S. 3.

6 Mitteilung der Kommission „Vermittlung von Finanzwissen", KOM(2007) 808 endg. vom 18. Dezember 2007, S. 3.

7 Unter http://ec.europa.eu/finance/general-policy/policy/map_reform_de.htm gibt die Europäische Kommission einen Überblick über die verschiedenen Maßnahmen auf diesem Gebiet und den Stand der Umsetzung.

8 Richtlinie 2002/92/EG des Europäischen Parlaments und des Rates vom 9. Dezember 2002 über Versicherungsvermittlung, ABl. L 9/3 vom 15. Januar 2003.

9 BGBl. 2011 I, S. 2481.

10 Verordnung über die Finanzanlagenvermittlung vom 2. Mai 2012, BGBl. I S. 1006.

Auch das Recht der Verbraucherkredite wurde durch die Umsetzung der europäischen Verbraucherkredit-[11] und Zahlungsdiensterichtlinie[12] einer Reform unterzogen. Ein wesentlicher Inhalt der Reform ist es, den Kunden durch Informationspflichten und Einschränkungen bei der Werbung effektiver vor unseriösen Lockangeboten zu schützen, wie es in Artikel 4 der Verbraucherkreditrichtlinie normiert ist. Darüber hinaus bildet diese Richtlinie die Grundlage für die Schaffung eines einheitlichen EU-weiten Binnenmarktes für den Zahlungsverkehr.[13]

Die Finanzkrise führte auch zu wesentlichen Änderungen im Bereich der Wertpapierdienstleistungen. Hier sei das am 5. August 2009 in Kraft getretene Gesetz zur Neuregelung der Rechtsverhältnisse bei Schuldverschreibungen aus Gesamtemissionen und zur verbesserten Durchsetzbarkeit von Ansprüchen von Anlegern bei Falschberatung[14] genannt.

Mit all diesen Reformen und Gesetzesänderungen wird schwerpunktmäßig ein verbesserter Kundenschutz verfolgt. Die Maßnahmen zielen hierbei jedoch nicht etwa auf die Reglementierung der jeweiligen Produkte ab, sondern nehmen sich vielmehr dem Verkauf der Produkte, den jeweiligen Dienstleistungen gegenüber den Kunden an. Es wird davon ausgegangen, dass Fehlinvestitionen und Verluste durch falsche Anlageentscheidungen nicht primär darauf zurückzuführen sind, dass etwa die falschen Produkte am Markt vorhanden sind. Vielmehr wird als Ursache die fehlerhafte Beratung und mangelnde Kenntnis des jeweiligen Kunden gesehen.[15] Aus diesem Grund zielen die meisten kundenschützenden Vorschriften auf eine klarere und verständliche Information ab.

Die verschiedenen Gesetzgebungsakte der letzten Jahre haben jedoch zu einem unübersichtlichen Nebeneinander verschiedener Standards geführt. Auch sind weiterhin nicht alle Bereiche der Finanzdienstleistung berufsrechtlichen und aufsichtsrechtlichen Reglementierungen unterstellt.

---

11 Richtlinie 2008/48/EG vom 23. April 2008 über Verbraucherkreditverträge und zur Aufhebung der Richtlinie 87/102 EWG, ABl. L 133/66 vom 22. Mai 2008.

12 Richtlinie 2007/64/EG vom 13. November 2007 über Zahlungsdienste im Binnenmarkt, zur Änderung der Richtlinien 97/7/EG, 2002/65/EG, 2005/60 EG und 2006/48/EG sowie zur Aufhebung der Richtlinie 97/5/EG, ABl. L 319/1 vom 5. Dezember 2007.

13 Europäische Kommission unter: http://ec.europa.eu/finance/payments/framework/index_de.htm, zuletzt abgerufen am 5. August 2015.

14 BGBl. I, S. 2512 vom 4. August 2009.

15 Mitteilung der Kommission KOM(2007), 808 endgültig vom 18. Dezember 2007, Vermittlung und Erwerb von Finanzwissen, S. 2.

Zudem nimmt sowohl die Anzahl als auch insbesondere die Marktmacht der sogenannten Allfinanzvertriebe stetig zu. Allfinanzunternehmen bestehen aus kooperierenden Unternehmen des Versicherungs-, Bausparkassen- und Bankvertriebes.[16] Durch dieses Geschäftsmodell werden die Grenzen der einzelnen Finanzproduktbereiche zusehends undeutlicher[17] und sind schon heute für den Kunden häufig kaum noch nachzuvollziehen. Hinzu kommt, dass zunehmend mehr sogenannte Hybridprodukte auf den Markt kommen, die die Elemente der verschiedenen Finanzprodukte in immer neuen Produkten zusammenführen. Dadurch steigt das Angebot der Wahlmöglichkeiten exponentiell nach oben. Die Angebote von Allfinanzvertrieben richten sich überwiegend an Privatkunden.[18] Allfinanzunternehmen verfolgen das Ziel, Kunden eine ganzheitliche Betreuung anzubieten, in der die klassischen Bankdienstleistungen und die Vermögensverwaltung mit Versicherungsdienstleistungen verknüpft und auch Baufinanzierungen mit eingeschlossen werden.[19]

Vor dem Hintergrund des Zusammenhangs von Informationsversorgung, Kundenschutz und Markteffizienz ist dabei vor allem von Interesse, inwiefern der Schutz von Kundeninteressen und die Funktionsfähigkeit des Kapitalmarktes durch juristisch vermittelte Informationsmechanismen unterstützt oder durch ungeeignete rechtliche Konstrukte gegebenenfalls behindert werden kann.[20]

Gerade auf Grund der nicht zu leugnenden ähnlichen Zielrichtungen und dem teilweisen Gleichlauf der unterschiedlichen Finanzprodukte ist nicht verständlich, warum sowohl auf europäischer als auch auf nationaler Ebene weiterhin eine künstliche Trennung zwischen Versicherungs- und sonstigen Finanzdienstleistungen vorgenommen wird. In dieser Ungleichbehandlung ist eine entscheidende Ursache dafür zu sehen, dass es nicht recht gelingen mag, den Versicherungs- und Finanzdienstleistungsmarkt für die Kunden transparenter und verständlicher zu machen. Dies ist aber dringend notwendig, will man den Kunden und damit auch die Allgemeinheit tatsächlich vor kostspieligen Fehlentscheidungen bewahren.

Dies hat auch die Europäische Kommission erkannt und einen Denkprozess hin zu einheitlicheren Regelungen angestoßen. Am 7. Juni 2012 hat sie ein

16 Schwintowski, Neuorientierung, S. 71.

17 Schwintowski, Neuorientierung, S. 71.

18 Kilian/Scheja, BB-Beilage 2002, Nr. 3, 19 (19).

19 Kilian/Scheja, BB-Beilage 2002, Nr. 3, 19 (19).

20 Mit dieser Frage beschäftigt sich auch Brandt, Aufklärungs- und Beratungspflichten, S. 23, allerdings in einem anderen, rein auf das Wertpapiergeschäft beschränkten Zusammenhang.

Legislativpaket vorgelegt. Wesentlicher Inhalt ist die Schaffung von einheitlicheren und leichter verständlichen Verbraucherinformationen sowie höheren Beratungsstandards. So schwebt der Kommission die Schaffung von Basisinformationsblättern vor, in der jeder Dienstleister die wesentlichen Merkmale der angebotenen Produkte in prägnanter und leicht verständlicher Sprache darstellen muss. Wie und ob eine Umsetzung jedoch in absehbarer Zeit erfolgen wird, steht derweil noch in den Sternen.

Diese Arbeit beschäftigt sich mit der Herausarbeitung der Unterschiede der verschiedenen Regelungsbereiche und möchte eine Strategie für einen transparenteren und einheitlicheren Kundenschutz bei Finanzdienstleistungen jeglicher Art aufzeigen.

Dabei soll im Wesentlichen auf die kundenschützenden Maßnahmen im Zusammenhang mit dem Vertragsschluss eingegangen werden. Hier stellen die Informationspflichten den bedeutendsten Regelungsbereich dar. Gemeinsames Ziel ist es, die naturgemäß bestehenden Asymmetrien zwischen den Vertragsparteien möglichst auszugleichen. Daneben ist der Gesetzgeber auch durch die Schaffung berufsrechtlicher Regelungen bestrebt, die Kunden dadurch zu schützen, das bestimmte Personengruppen von der Tätigkeit als Versicherungs- oder Finanzdienstleiter ausgeschlossen werden. Diese Regelungen sollen nicht Gegenstand der Untersuchung sein.

Es ist offensichtlich, dass es sich dringend empfiehlt über ein für alle Finanzdienstleitungen gemeinsam geltendes Regelungswerk Gedanken anzustellen. Hierzu will diese Arbeit anregen und beitragen.

B. Gang der Arbeit

Als Einstieg dient die am 1. Januar 2008 in Kraft getretene Reform des Versicherungsvertragsgesetzes (VVG)[21]. Auch wenn die Reformbemühungen des Gesetzgebers im Grunde zu begrüßen sind, so hat nach dem Unionsgesetzgeber nun auch der nationale Gesetzgeber die sich ihm hier gebotene Chance verpasst, die historisch gewachsene, heute jedoch nicht mehr zeitgemäße und daher künstliche Trennung zwischen Versicherungs- und Bankdienstleistungen aufzuheben.[22]

In einem weiteren Schritt wird die aus Kundensicht relevante Umsetzung der europäischen Verbraucherkredit-[23] und Zahlungsdiensterichtlinie[24] analysiert.

Im Anschluss daran werden die Kundenschutzmechanismen der unterschiedlichen Finanzprodukte gegenübergestellt, um anhand dieses Vergleiches Wege zu finden, wie der Kundenschutz von Finanzdienstleistungen zukünftig im Sinne eines effektiven Schutzes und unter Berücksichtigung der berechtigten wirtschaftlichen Interessen vereinheitlicht werden kann.

Die unterschiedliche Regelung des Geschäfts mit den verschiedenen Finanzprodukten führt zu einer wahren Flut an Spezialvorschriften, denen ein einheitliches Ziel – nicht jedoch Konzept – zugrunde liegt: Eine Verbesserung der Marktposition der Kunden von Finanzdienstleistungen. Von diesem gemeinsamen Fundament ausgehend soll in einem letzten Schritt der Arbeit ein Beitrag zu einer Vereinheitlichung der unterschiedlichen Schutz- und Informationssysteme hin zu einem einheitlichen Kundenschutz bei Finanzdienstleistungen geliefert werden.

---

21 Gesetz vom 23. November 2007, BGBl. 2007 I, S. 2631.

22 Dies hat Schwintowski für den europäischen Gesetzgeber bereits zutreffend bei der Analyse der MiFiD und der Vermittlerrichtlinie festgestellt, vgl. Schwintowski, Neuorientierung, S. 198.

23 Richtlinie 2008/48/EG vom 23. April 2008 über Verbraucherkreditverträge und zur Aufhebung der Richtlinie 87/102 EWG, ABl. L 133/66 vom 22. Mai 2008.

24 Richtlinie 2007/64/EG vom 13. November 2007 über Zahlungsdienste im Binnenmarkt, zur Änderung der Richtlinien 97/7/EG, 2002/65/EG, 2005/60 EG und 2006/48/EG sowie zur Aufhebung der Richtlinie 97/5/EG, ABl. L 319/1 vom 5. Dezember 2007.

C. Begriffsklärungen

Wenn es um Kundenschutz bei Finanzdienstleistungen geht, so ist damit gemeinhin Verbraucherschutz gemeint. Mit den Worten „Verbraucherschutz“ und „Finanzdienstleistungen“ ist jedoch gerade einmal die Hälfte von den Gegenständen genannt, um die es insgesamt geht. Genau genommen geht es auf der einen Seite um die Finanzprodukte als tatsächlich erworbene Produkte und auf der anderen um die Dienstleistungen rund um diese Produkte, also das Anbieten, Beraten, Vermitteln, Verwalten, etc. Auf der Seite der Schutzbedürftigen geht es nicht nur um die aus § 13 BGB bekannten Verbraucher. Auch Personen, die nicht unter diese klassische Verbraucherdefinition fallen, können schutzbedürftig sein. Die eigentliche und auch sehr viel schwierigere Aufgabe besteht darin, ein sinnvolles Konzept zu entwickeln, wie der schützenswerte Kunde von Finanzprodukten und Finanzdienstleistungen zu definieren ist und effektiv geschützt werden kann. Um diese Unterschiede im Verlauf der Arbeit hinreichend berücksichtigen zu können, ist es zunächst notwendig, die einzelnen Begriffe zu definieren und gegeneinander abzugrenzen.

I. Finanzdienstleistungen

Der Begriff Finanzdienstleistungen, der in Art. 64 AEUV (ex-Art. 57 EGV) seine primärrechtliche Erwähnung findet, ist weit gefasst und angesichts der Innovationsfreudigkeit auf diesem Gebiet[25] keiner abschließenden Definition zugänglich. Der Gerichtshof hat sich, soweit ersichtlich, mit dem Begriff der Finanzdienstleistungen bislang noch nicht auseinandergesetzt.

Der Begriff geht zurück auf den in den USA erstmals Anfang der 1970er Jahre in diesem Zusammenhang benutzten Begriff der Financial-Services.[26] Wie in den USA umfasst der Begriff in dem hier behandelten Zusammenhang sämtliche Bank- und Versicherungsdienstleistungen und geht damit auch über die Definition in § 1 KWG hinaus.

---

25 Köndgen, in: Everling/Roth, Mindestharmonisierung, S. 111, 125: „Gerade auf Finanzmärkten ist das […] Innovationspotential geradezu unermesslich groß. Unter allen Märkten kommt allenfalls noch die Mikroelektronik der Finanzindustrie an Investitionstempo gleich.“

26 Feyerabend, in: Martinek/Semler/Habermeier/Flohr, Vertriebsrecht, § 48, Rn. 1.

Unstreitig gehören zu den Finanzdienstleistungen die klassischen Bankgeschäfte (z.B. Einlagen, Kreditvergabe, Zahlungsverkehr, Kapitalanlagen und Bürgschaften), die Vermittlung von Finanzgeschäften, die Erbringung von Beratungsleistungen, die Vermögensverwaltung, der Wertpapierhandel und das Geschäft der Versicherungsbranche.[27] Nach Art. 2 lit. b der Richtlinie über den Fernabsatz von Finanzdienstleistungen an Verbraucher[28] (und entsprechend § 312b Abs. 1 S. 2 BGB) bezeichnet der Ausdruck „Finanzdienstleistungen" jede Bankdienst-leistung sowie jede Dienstleistung im Zusammenhang mit einer Kreditgewährung, Versicherung oder Altersversorgung von Einzelpersonen, Geldanlage oder Zahlung. Noch knapper versucht Gornig den Begriff zu fassen, indem er Finanzdienstleistungen als „immaterielle Produkte [...], die äußerlich in erster Linie durch Geldströme (Einzahlungen und Auszahlungen) zwischen dem Kunden und dem Anbieter charakterisiert sind" beschreibt.[29]

Diese kurze, aber zugleich umfassende Definition des Begriffs Finanzdienstleistungen wird im Folgenden zugrunde gelegt. Sie geht sowohl über die des § 1 Abs. 1a S. 2 KWG[30] als auch über den im deutschen Sprachgebrauch verbreiteten Begriff der „Bank- und Versicherungsleistungen"[31] hinaus. Denn Finanzdienstleistungen werden nicht nur durch Banken und Versicherungen, sondern darüber hinaus auch durch Wertpapierhäuser und eine Reihe weiterer Finanzintermediäre erbracht. Finanzintermediäre, einschließlich Börsen, Broker und Investmentbanken, spielen eine wichtige Rolle bei der Vermittlung von Finanzprodukten. Dabei verwischen die herkömmlichen Grenzen zwischen einzelnen Finanzdienstleistungssegmenten zunehmend. Aufsichtsrechtlich hat der deutsche Gesetzgeber dieser Entwicklung bereits mit der Schaffung einer einheitlichen Allfinanzaufsicht, der BaFin[32], Rechnung getragen.

---

27 Ohler, ZEuS 2002, 321 (336 f.).

28 Richtlinie 2002/65/EG über den Fernabsatz von Finanzdienstleistungen an Verbraucher und zur Änderung der Richtlinie 90/619/EWG des Rates und der Richtlinien 97/7/EG und 98/27/EG vom 23. September 2002, ABl. Nr. L 271/16 vom 9. Oktober 2002.

29 Gornig, Der eigenständige Allfinanz-Vertrieb, S, 4.

30 § 1 Abs. 1a KWG verwendet den Begriff der Finanzdienstleistungsinstitute für den Restbereich der Finanzdienstleistungen, die nicht von Banken und Versicherungen erbracht werden. Kritisch zur hierdurch gestifteten „Verwirrung" Reifner, in: Grundmann, Systembildung, S. 577, 578 Fn. 3.

31 Reifner, in: Grundmann, Systembildung, S. 577, 578

32 Bundesanstalt für Finanzdienstleistungsaufsicht, in der die Bundesaufsichtsämter für das Kreditwesen (BAKred), das Versicherungswesen (BAVers) und den Wertpapierhandel (BAWe) aufgegangen sind, hat am 1. Mai 2002 ihre Arbeit aufgenommen, § 1 Abs. 1 Finanzdienstleistungsaufsichtsgesetz (FinDAG).

II. Finanzprodukte

Abzugrenzen von den Finanzdienstleitungen sind die Finanzprodukte. Hierbei handelt es sich um die Finanz-, aber auch Versicherungsprodukte, die den Kunden von dem jeweiligen Vermittler angeboten werden. Auf die einzelnen Finanzprodukte selber wird im Verlaufe dieser Arbeit nur insoweit einzugehen sein, wie es für das Verständnis der jeweiligen kundenschützenden Maßnahmen erforderlich ist. Eine ausführliche Darstellung der Produkte findet nicht statt. Dies würde den Rahmen der Arbeit überschreiten. Zudem ist es für den weiteren Verlauf der Arbeit weitgehend unerheblich, welche Finanzprodukte es genau gibt. Es geht ja vielmehr darum, wie die Vermittlung an den Kunden verläuft und welche Verbesserungen in dem Zusammenspiel Kunde – Vermittler notwendig sind. Ziel der Arbeit ist es gerade nicht, gute von schlechten Finanzprodukten abzugrenzen bzw. Kriterien für eine solche Abgrenzung aufzustellen. Dies ist, mit Ausnahme ganz weniger Fälle, pauschal auch gar nicht möglich, da der einheitliche objektive Maßstab fehlt, an dem die Qualität eines Finanzproduktes verlässlich gemessen werden kann. Zu unterschiedlich sind die einzelnen Interessen der Kunden. Es ist durchaus denkbar, dass ein und dasselbe Finanzprodukt für den einen Kunden sehr gut geeignet ist, während es zu der Situation des nächsten Kunden überhaupt nicht passt. Ob ein Produkt positiv oder negativ zu bewerten ist, muss jeder Kunde anhand seiner individuellen Ziele, Bedürfnisse und Voraussetzungen für sich selber entscheiden.

Ziel eines effektiven Kundenschutzes kann also nicht eine staatlich verordnete Produktselektion sein, die auch nicht mit dem geltenden Unionsrecht in Einklang zu bringen sein dürfte. Vielmehr geht es darum, Rahmenbedingungen zu schaffen, mittels derer es dem Kunden ermöglicht wird, zu entscheiden, welche Produkte er für die Erreichung seiner persönlichen Ziele benötigt.

Nur um den Rahmen der Arbeit zu verdeutlichen und einen ersten Einstieg zu geben, sollen die wichtigsten Produktgruppen kurz erläuternd genannt werden. Soweit es im Verlauf der Arbeit darüber hinaus erforderlich sein sollte, bestimmte Produktmerkmale genauer darzustellen, wird dies in dem jeweiligen Kontext geschehen.

III. Versicherungsprodukte

Versicherungen werden zur Deckung eines Schadens oder Bedarfs für den sicheren oder unsicheren Fall des Eintritts eines Ereignisses in der Zukunft abgeschlossen.[33]

33 Siehe § 1 S. 1 VVG; Brömmelmeyer, in: Rüffer/Halbach/Schimikowski, VVG-Kommentar, § 1 VVG, Rn. 4–7.

Die Anzahl an unterschiedlichen und unterschiedlichsten Versicherungen ist heute kaum zu überschauen. Eine gesetzliche Definition des Versicherungsbegriffes gibt es nicht.

IV. Kredit

Im deutschen Recht wird der Begriff des Kredites im BGB, in dem sich die verbraucherrechtlichen Normen betreffend das Kreditwesen im Wesentlichen befinden, nicht verwandt.[34] Im BGB werden vielmehr auf Basis der europäisch-sekundärrechtlichen Definition[35] Spezialbegrifflichkeiten verwendet.[36] Hintergrund ist, dass der Terminus Kredit eine bloße Umschreibung eines wirtschaftlichen Sachverhaltes, der auch über den Sachverhalt des Darlehens hinaus geht und kein Typus des Schuldrechts ist.[37] Daher wurde der ursprünglich während der Beratungen zur Schuldrechtsreform genutzte Begriff Kredit durch den Begriff Darlehen ersetzt.[38] Im Gegensatz hierzu spricht § 6 PAngV[39] ausdrücklich von Krediten.

Der europäische Gesetzgeber hat „Kredit" als eine Finanzierungshilfe in Form eines Zahlungsaufschubs, eines Darlehens oder in sonstiger ähnlicher Form definiert.[40] Auch diese Definition zweigt, dass der Begriff des Kredites weiter gefasst ist, als der des Darlehens.

---

34 Der Kreditbegriff wurde vom Gesetzgeber aufgegeben, als das Verbraucherkreditgesetz – VerbrKrG vom 17. Dezember 1990, BGBl. I 1990, S. 2840 – im Zuge des Gesetzes zur Modernisierung des Schuldrechts – Schuldrechtsmodernisierungsgesetz vom 26. November 2001, BGBl. I 2001, S. 3138 – in das BGB integriert wurde.; siehe auch: Berger, in: MüKo BGB, 7. Aufl., vor § 488, Rn. 1.

35 Bülow / Artz, Verbraucherprivatrecht, S. 96.

36 Der (Verbraucher) Darlehensvertrag ist in §§ 488–498 BGB, die Finanzierungshilfen in §§ 499–504 BGB und der Ratenlieferungsvertrag in § 505 BGB geregelt.

37 Berger, in: MüKo BGB, 7. Aufl., vor § 488, Rn. 1 und 38.

38 Berger, in: MüKo BGB, 7. Aufl., vor § 488, Rn. 1.

39 Preisangabenverordnung in der Fassung der Bekanntmachung vom 18. Oktober 2002, BGBl. I, S. 4197, zuletzt geändert durch Artikel 7 des Gesetzes vom 20. September 2013, BGBl. I S. 3642.

40 Art. 1 II lit. c. der Richtlinie 87/102/EWG des Rates vom 22. Dezember 1986 zur Angleichung der Rechts- und Verwaltungsvorschriften der Mitgliedstaaten über den Verbraucherkredit (Verbraucherkreditrichtlinie) sowie Art. 3 lit. c der Richtlinie 2008/48/EG des Europäischen Parlaments und des Rates vom 23. April 2008 über Verbraucherkreditverträge und zur Aufhebung der Richtlinie 87/102/EWG des Rates.

Mit anderen Worten ist ein Kredit die Überlassung von Geld auf Zeit gegen Zahlung eines Zinses.

V. Zahlungsdienste

Zahlung ist die zweckgerichtete Übertragung von Zahlungsmitteln, in der Regel Bar- oder Buchgeld, durch den Zahler an den Zahlungsempfänger, in der Regel zur Tilgung von Verbindlichkeiten.[41] Die Übertragung kann unmittelbar oder durch Zwischenschaltung eines Zahlungsmittlers erfolgen.[42] Zahlungsdienste umfassen sämtliche um die Durch- und Ausführung von Zahlungen anfallenden Dienstleistungen, wie die Ausführung von Überweisungsaufträgen, das Führen von Girokonten, etc.

VI. Investmentfonds

Allgemein gesprochen ist ein Fonds ein Geldmittelbestand für einen bestimmten Zweck.

Beteiligungen an Fonds werden in Form von Investmentzertifikaten ausgegeben. Offene Fonds geben dabei je nach Nachfragesituation ständig neue Zertifikate aus und legen das vereinnahmte Geld neu an. Bei geschlossenen Fonds hingegen erfolgt bei Auflage des Fonds eine einmalige Festlegung der Anzahl der Zertifikate, die dann am Markt platziert werden. Wenn alle Zertifikate veräußert sind, werden keine neuen mehr am Markt platziert. Die Ausgabe ist abgeschlossen, der Fonds wird „geschlossen". Am häufigsten werden Immobilienfonds in Form von geschlossenen Fonds aufgelegt. Gesellschaftsrechtlich sind diese Fonds regelmäßig als GmbH & Co. KG strukturiert. Der Anleger bindet sich mit seiner Einlage als Kommanditist für eine gewisse Zeit an die Gesellschaft. Eine Rückgabe der Zertifikate gegen Rückerstattung der Einlage ist häufig vor dem zu Beginn festgelegten Ablaufdatum nicht möglich.

VII. Bausparverträge

Der Begriff des Bausparvertrages ist in § 1 Abs. 2 BSpKG[43] definiert. Ein Bausparvertrag ist ein Vertrag, durch den ein Bausparer nach Leistung von

41 Sprau, in: Palandt, 78. Aufl., Einführung vor § 675 c, Rn. 1.

42 Sprau, in: Palandt, 78. Aufl., Einführung vor § 675 c, Rn. 1.

43 Gesetz über Bausparkassen (Bausparkassengesetz) vom 16. November 1972, zuletzt geändert durch Art. 3 des Gesetzes vom 29. Juli 2008, BGBl. I, S. 1509.

Bauspareinlagen einen Rechtsanspruch auf Gewährung eines Bauspardarlehens erwirbt. Bei Vertragsschluss wird eine Bausparsumme festgelegt, die zu einem gewissen Prozentsatz angespart werden muss, bevor der Bausparvertrag zugeteilt wird. Die nicht angesparte Differenz zu der vereinbarten Bausparsumme wird dem Bausparer in Form eines Bauspardarlehens gewährt, sodass dieser bei Zuteilung über die gesamte Bausparsumme verfügen kann. Bereits bei Vertragsschluss werden die wesentlichen Konditionen sowohl für die Spar- als auch die Darlehensphase verbindlich festgelegt. Für den Fall, dass der Bausparer nach der Ansparphase bei Zuteilung, in der Regel nach 7 bis 10 Jahren, auf das Bauspardarlehen verzichtet, wird zwischen den Parteien regelmäßig ein leicht erhöhter Guthabenzins vereinbart, mit dem das Guthaben dann nachträglich verzinst wird.

VIII. Finanzdienstleister

Finanzdienstleister sind all diejenigen Marktakteure, die gegenüber Kunden Dienstleistungen im Zusammenhang mit einer Geldanlage erbringen, wobei hierunter auch Versicherungen zu subsumieren sind.[44] In Deutschland fielen ursprünglich nur die Banken unter die Gruppe der Finanzdienstleister.[45] Dieses Bild hat sich jedoch vor allem in der jüngeren Vergangenheit grundlegend gewandelt. Immer mehr verschiedene Finanzintermediäre (Makler, Finanzvertriebe, freie Anlageberater) gewinnen erhebliche Marktanteile und weiten ihr Geschäft aus.[46] Auch Marktteilnehmer aus anderen Branchen erweitern ihr Angebot um Finanzdienstleistungen. Zu nennen sind hier etwa Finanzierungsangebote durch Warenhäuser oder unternehmenseigene Financial Services AG's wie etwa Automobilbanken.[47] Auch sogenannte Direktbanken drängen auf den Finanzdienstleistungsmarkt und stehen in direkter Konkurrenz zu den traditionellen Filialbanken.[48] Direktbanken betreiben ihr Geschäft ganz überwiegend oder ausschließlich über Fernkommunikationsmittel, im Wesentlichen über das Internet. Ein persönlicher Kundenkontakt findet regelmäßig nicht statt. Dadurch können diese Banken kostengünstigere und auch weniger Standorte wählen und ihre Produkte daher günstiger am Markt anbieten.

---

44 Lange, Informationspflichten, S. 38.
45 Lange, Informationspflichten, S. 38.
46 Feyerabend, in: Martinek/Semler/Habermeier/Flohr, Vertriebsrecht, § 48, Rn. 8.
47 Feyerabend, in: Martinek/Semler/Habermeier/Flohr, Vertriebsrecht, § 48, Rn. 8.
48 Feyerabend, in: Martinek/Semler/Habermeier/Flohr, Vertriebsrecht, § 48, Rn. 8.

Zudem drängen immer mehr Allfinanzanbieter auf den Markt und heben die jahrelang geltende Trennung zwischen Bankdienstleistern und Versicherungsdienstleistern auf.[49]

IX. Finanzvermittler/Finanzanlagenvermittler

Erbracht werden Finanzdienstleistungen neben Banken und Versicherungen auch von selbstständigen Finanzvermittlern. Diese vermitteln dem Kunden einen Anbieter, der direkt mit dem Kunden den entsprechenden Finanzdienstleistungsvertrag schließt.[50] Finanzvermittler vermitteln den Kunden sämtliche Finanzprodukte, mit Ausnahme von Versicherungsprodukten. Zwischen Vermittler und Kunden selbst kommt hierbei regelmäßig kein Finanzdienstleistungsvertrag zustande. Im Zuge der Novellierung des VVG haben für den Bereich der Versicherungen Legaldefinitionen für die unterschiedlichen Gruppen der Versicherungs-vermittler Einzug in das Gesetz erhalten. Aufgrund des inzwischen fast gleichlaufenden Vertriebs von Versicherungen und anderen Finanzprodukten und der hier vertretenen Ansicht, dass eine Unterscheidung des Vertriebs der verschiedenen Finanzprodukte ohnehin aufzuheben ist, sollten die im VVG festgeschriebenen Definitionen allgemein auf die Vermittlung von Finanzprodukten, inkl. Versicherungen, angewendet werden.[51]

X. Versicherungsvermittler

Versicherungsdienstleistungen werden von Versicherungsvermittlern erbracht. Dabei können diese Vermittler als gebundene Versicherungsvertreter oder als freie Versicherungsmakler auftreten.

Gemäß § 59 Abs. 2 VVG ist „Versicherungsvertreter [...], wer von einem Versicherer oder Versicherungsvertreter damit betraut ist, gewerbsmäßig Versicherungsverträge zu vermitteln oder abzuschließen“. Um die Vertretereigenschaft zu erlangen, ist keine dauernde Beauftragung erforderlich. Ausreichend kann eine einmalige Beauftragung sein, wobei dann im Einzelfall die Gewerbsmäßigkeit geklärt werden muss.[52] Auch Handelsvertreter gemäß §§ 84, 92 Abs. 1 HGB sind unter § 59 Abs. 2 VVG zu fassen.[53]

49 Feyerabend, in: Martinek/Semler/Habermeier/Flohr, Vertriebsrecht, § 48, Rn. 9.

50 Evers/Jung, Finanzvermittler, S. 27.

51 Evers/Jung, Finanzvermittler, S. 28.

52 Dörner, in: Prölss/Martin, VVG, § 59, Rn. 8.

53 Dörner, in: Prölss/Martin, VVG, § 59, Rn. 8.

XI. Versicherungsmakler

Versicherungsmakler ist gemäß § 59 Abs. 3 Satz 1 VVG, „wer gewerbsmäßig für den Auftraggeber die Vermittlung oder den Abschluss von Versicherungsverträgen übernimmt, ohne von einem Versicherer oder von einem Versicherungsvertreter damit betraut zu sein". Satz 2 bestimmt, dass sich daneben auch diejenigen Personen als Versicherungsmakler behandeln lassen müssen, die „gegenüber dem Versicherungsnehmer den Anschein" erwecken, Leistungen als Versicherungsmakler gemäß Satz 1 zu erbringen. Es handelt sich um sogenannte Pseudomakler.

XII. Allfinanzvermittler/Vermögensberater

Der Allfinanzvermittler, auch Vermögensberater genannt, vermittelt seinen Kunden sämtliche Finanzdienstleistungs- und Versicherungsprodukte aus einer Hand. Für ihn gibt es keine einheitliche gesetzliche Regelung bzw. Definition. Ein Allfinanzvermittler ist Finanzvermittler und Versicherungsvermittler in einer Person.

D. Verbraucherschutz/Kundenschutz

Es wurde bereits erwähnt, dass es bei dem hier behandelten Thema einer genaueren Betrachtung bedarf, welcher Personenkreis genau schützenswert ist. Nach dem bisher Gesagten wird bereits offensichtlich, dass der Verbraucherbegriff des § 13 BGB zu kurz greift und nicht den ganzen zu schützenden Personenkreis erfasst. Um den zu schützenden Personenkreis beschreiben zu können, ist zunächst zu klären, was unter Verbraucherschutz zu verstehen ist und welche Rolle dieser in unserem Rechtssystem einnimmt.

I. Historische Betrachtung

Das Verbraucherschutzrecht hat den Charakter einer Querschnittsmaterie ohne tiefere rechtsdogmatische Geschlossenheit.[54] Seit weit mehr als 100 Jahren werden in der Rechtswissenschaft Überlegungen angestellt, wie der Verbraucher im Rechtsverkehr geschützt werden kann. Das 1894 in Kraft getretene Abzahlungsgesetz (AbzG)[55] wird als ältestes Verbraucherschutzgesetz bezeichnet.[56] Das AbzG hatte den Zweck die Nicht- bzw. nicht eingetragenen Kaufleute zu schützen.[57] Ziel war der Schutz von Kleingewerbetreibenden vor nicht hinnehmbaren vertraglichen Nachteilen bei, mittels Abzahlungsgeschäften, finanzierten Produktionsmitteln mit wirtschaftlich überlegenen Vertragspartnern.[58] Auch das zwei Jahre später in Kraft getretene Gesetz gegen den Unlauteren Wettbewerb (UWG) und das Kartellrecht sind erste Vorboten des heutigen Verbraucherschutzes.[59]

Eigenständigkeit erhielt das Verbraucherschutzrecht jedoch erst im Jahr 1962, als der US-Präsident John F. Kennedy in seiner „Verbraucherbotschaft“[60] neben den Verbraucherrechten auf (Produkt-) Sicherheit, Information und Auswahl

---

54 Borchert, Verbraucherschutzrecht, S. 4.

55 Gesetz vom 16. Mai 1894, RGBl. 1894, S. 450; Das Abzahlungsgesetz ist zum 1. Januar 1991 durch Art. 10 Abs. 1 des Verbraucherkreditgesetzes vom 17. Dezember 1990 außer Kraft getreten.

56 Vgl. etwa Eichenhofer, JuS 1996, 857 (860); Köndgen, WM 2001, 1637 (1638).

57 Vgl. RGBl. 1894, S. 450.

58 Engelhardt, Europäisches Verbrauchervertragsrecht, S. 22.

59 von Hippel, Verbraucherschutz, S. 145 ff.; Drexl, Selbstbestimmung, S. 20 f.; Krings, Schutzansprüche, S. 317.

60 Abgedruckt bei von Hippel, Verbraucherschutz, S. 281 ff.

eine Reihe weiterer Verbrauchergrundrechte proklamierte, ein politisches Programm zum Schutze der Verbraucher skizzierte und die Schaffung eines Verbraucherbeirates anordnete.

In der Gesetzgebung schlug sich das erwachte Verbraucherschutzbewusstsein in einer Reihe von Änderungen bestehender Vorschriften und der Schaffung neuer Gesetze nieder, welche zwischenzeitlich zu einem großen Teil in das BGB (re-) integriert wurden.[61]

Heute sind neu installierte Verbraucherschutzregelungen zunehmend auf Aktivitäten des europäischen Gesetzgebers zurückzuführen.[62] Auch in Deutschland wird der Verbraucherschutz ein immer bedeutenderes Instrument des bürgerlichen Rechts.[63] Dies wird nicht zuletzt bei der Umsetzung von (auch) verbraucherschützenden Richtlinien in deutsches Recht sichtbar.

II. Der Verbraucher von Finanzprodukten

Auch wenn das Wort „verbrauchen" im Zusammenhang mit Finanzdienstleistungen auf den ersten Blick unpassend erscheint, so ist dennoch unstreitig, dass der den Verbrauchern gemeinhin zugestandene Schutz sich auch auf die Kunden von Finanzprodukten und -dienstleistungen erstrecken muss, selbst wenn diese keine Produkte im herkömmlichen Sinn verbrauchen, sondern vielmehr darauf aus sind, Kapital anzusparen und zu mehren.[64] So wird auch stets wie selbstverständlich davon ausgegangen, dass sich Verbraucherschutz auch auf Versicherungsnehmer, Kapitalanleger und Kreditnehmer erstreckt, wobei Schutzbedürftige in diesem Sinne nicht nur weniger finanzkräftige Marktteilnehmer sind, sondern vielmehr diejenigen Marktteilnehmer, die aufgrund unterlegenen Wissens über bestimmte Produkte externen Schutzes bedürfen.[65] Dies verwundert zunächst, da der Verbraucherschutz ansonsten immer mit der Schutzbedürftigkeit des wirtschaftlich Schwächeren begründet wird, um so den Eingriff in die grundsätzlich schwer antastbare Privatautonomie zu rechtfertigen.

---

61 So sind mit dem Gesetz zur Modernisierung des Schuldrechts (Schuldrechtsmodernisierungsgesetz) vom 26. November 2001, BGBl. I, S. 3138 bspw. das Verbraucherkreditgesetz, das Gesetz über die allgemeinen Geschäftsbedingungen, das Fernabsatzgesetz und das Haustürwiderrufsgesetz in das BGB integriert worden.

62 Kümpel, WM 2005, 1 (1).

63 Kümpel, WM 2005, 1 (1).

64 Heimann, Zwingender Verbraucherschutz, S. 8 f.

65 Reich, in: Everling/Roth, Mindestharmonisierung, S. 175; Kalss, Anlegerinteressen, S. 111; Remien, Zwingendes Vertragsrecht, S. 260.

Es bedarf somit einer eingehenden Betrachtung, warum gerade in Bezug auf Finanzdienstleitungen der Kreis der zu schützenden Personen erweitert werden sollte.

Trotz seiner enormen Relevanz nicht nur aus sozialpolitischer, sondern auch aus wirtschaftlicher Sicht, ist der Begriff des Verbrauchers bisher weder auf nationaler noch auf Unionsebene einer einheitlichen Definition zugeführt worden.

In Art. 29 Abs. 1 EGBGB a.F.[66] – mit dem der Terminus „Verbraucher" Einzug in die deutsche Rechtssprache erhielt[67] – wurde der Verbraucher in Anlehnung an Art. 5 Abs. 1 EVÜ[68] als „Berechtigter" beschrieben, der zu einem Zweck handelt, welcher nicht seiner beruflichen oder gewerblichen Tätigkeit zugerechnet werden kann. Eine inhaltlich übereinstimmende Definition verwendet Art. 15 Abs. 1 der europäischen Gerichtsstands- und Vollstreckungsverordnung 44/2001 (EuGVVO).[69] Auch in den finanzdienstleistungsrelevanten Richtlinien wird der Verbraucher definiert als eine natürliche Person, die zu einem Zweck handelt, der nicht ihrer gewerblichen oder beruflichen Tätigkeit zugerechnet werden kann.[70] Die Verbraucherrechte der Mitgliedstaaten weichen dagegen vielfach von dieser Definition ab.[71] Dies gilt auch für das deutsche Recht: Nach § 13 BGB ist jede natürliche Person Verbraucher, „die ein Rechtsgeschäft zu einem Zweck

66 § 29 EGBGB wurde durch Artikel 1 Gesetz zur Anpassung der Vorschriften des Internationalen Privatrechts an die Verordnung (EG) Nr. 593/2008 (AnpGEG 593/2008) vom 25. Juni 2009 BGBl. I S. 1574 mit Wirkung zum 17. Dezember 2009 aufgehoben.

67 Medicus, in: FS Kitagawa, S. 471, 478.

68 Übereinkommen 80/934/EWG vom 19. Juni 1980 über das auf vertragliche Schuldverhältnisse anzuwendende Recht (Europäisches Schuldvertragsübereinkommen), ABl. L 266/1 vom 9. Oktober 1980, aufgehoben durch Verordnung (EG) Nr. 593/2008 vom 17. Juni 2008 über das auf vertragliche Schuldverhältnisse anzuwendende Recht (Rom I), ABl. L 177/6 vom 4. Juli 2008.

69 Verordnung (EG) Nr. 44/2001 über die gerichtliche Zuständigkeit und die Anerkennung und Vollstreckung von Entscheidungen in Zivil- und Handelssachen, ABl. 2001 Nr. L 12, S. 1.

70 Art. 1 Abs. 2 lit. a der Richtlinie 87/102/EWG zur Angleichung der Rechts- und Verwaltungsvorschriften der Mitgliedstaaten über den Verbraucherkredit (Verbraucherkreditrichtlinie), ABl. Nr. L 42, S. 48, geändert durch die Richtlinie 90/88/EWG, ABl. 1990 Nr. L 61, S. 14; Art. 2 lit. b der Richtlinie 93 / 13 / EWG über missbräuchliche Klauseln in Verbraucherverträgen (Klauselrichtlinie), ABl. 1993 Nr. L 95, S. 29; Art. 2 1. Spiegelstrich der Richtlinie 85/577/EWG betreffend den Verbraucherschutz im Falle von außerhalb der Geschäftsräume geschlossenen Verträgen (Haustürgeschäfte-Richtlinie), ABl. 1985 Nr. L 372, S. 31; Art. 2 lit. d der Richtlinie über den Fernabsatz von Finanzdienstleistungen an Verbraucher (Fernabsatzrichtlinie), ABl. 2002 Nr. L 271, S. 16.

71 Remien, Zwingendes Vertragsrecht, S. 246 f.

abschließt, der weder ihrer gewerblichen noch ihrer selbstständigen beruflichen Tätigkeit zugerechnet werden kann". Während nach Unionsrecht somit jeder Bezug zu einer beruflichen Tätigkeit die Verbrauchereigenschaft aufhebt, sind nach § 13 BGB nur Rechtsgeschäfte für gewerbliche oder selbstständige berufliche Zwecke ausgeschlossen.[72]

Im nationalen und internationalen Versicherungsvertragsrecht ist schließlich nicht vom Verbraucher, sondern stets vom Versicherungsnehmer die Rede. Der Kreis der durch das VVG und das Internationale Versicherungsvertragsrecht geschützten Personen geht damit über den der Verbraucher im Sinne der soeben genannten Definitionen hinaus und erfasst selbst Gewerbetreibende, sofern diese kein Großrisiko im Sinne des § 210 VVG i.V.m. Art. 10 Abs. 1 Satz 2 EGVVG[73] versichern bzw. soweit kein See- oder Rückversicherungsvertrag gemäß § 209 VVG vorliegt.

Im Wertpapierhandelsgesetz (WpHG)[74] wird der Begriff des Verbrauchers ebenfalls nicht verwendet, auch wenn insbesondere die §§ 31 ff. WpHG ein dem Verbraucherschutz vergleichbares Regelungsziel verfolgen. Ausweislich der amtlichen Überschrift des § 31a WpHG verwendet das Gesetz den Begriff des Kunden. Dieser Begriff und seine Definition haben erst 2007 im Rahmen der nationalen Umsetzung der MiFID[75] durch das FRUG[76] Einzug in das WpHG gefunden. Der Kunde im wertpapierrechtlichen Sinn wird in § 31a Abs. 1 WpHG definiert als „alle natürlichen oder juristischen Personen, für die Wertpapierdienstleistungsunternehmen Wertpapierdienstleistungen erbringen oder anbahnen". Auch wenn Personengesellschaften von diesem Wortlaut streng genommen nicht erfasst sind, so ist doch anzunehmen, dass § 31a Abs. 1

---

72 § 507 BGB erweitert diese Definition für den Verbraucherdarlehensvertrag auf Existenzgründerdarlehen bis zur Höhe von 50.000 Euro.

73 Einführungsgesetz zum Versicherungsvertragsgesetz vom 30. Mai 1908, RGBl. I, S. 305.

74 Gesetz über den Wertpapierhandel, BGBl. I, S. 2708 vom 9. September 1998, zuletzt geändert durch Artikel 4 des Gesetzes vom 31. Juli 2009, BGBl. I, S. 2512.

75 Richtlinie 2004/39/EG des Europäischen Parlaments und des Rates vom 21. April 2004 über Märkte für Finanzinstrumente, zur Änderung der Richtlinien 85/611/EWG und 93/6/EWG des Rates und der Richtlinie 2000/12/EG des Europäischen Parlaments und des Rates und zur Aufhebung der Richtlinie 93/22/EWG des Rates, ABl. 145/1 vom 30. April 2004, Markets in Financial Instruments Directive (MiFID).

76 Gesetz zur Umsetzung der Richtlinie über Märkte für Finanzinstrumente und der Durchführungsrichtlinie der Kommission (Finanzmarktrichtlinie-Umsetzungsgesetz), vom 16. Juli 2007, BGBl. I, S. 1330; zuletzt geändert durch Artikel 19a Nr. 4 Gesetz vom 21. Dezember 2007 BGBl. I, S. 3089.

WpHG weit auszulegen ist und Personengesellschaften im Ergebnis mit unter die Vorschrift fallen.[77] Durch die ausdrückliche Erwähnung des Anbahnens der Erbringung von Wertpapierdienstleistungen ist klargestellt, dass die für Wertpapierdienstleistungsunternehmen normierten Pflichten auch bei der Anbahnung von Vertragsbeziehungen zu beachten sind.

Entsprechend den durch die MiFID gemachten Vorgaben unterscheidet auch das aktuelle Wertpapierrecht nun drei Kategorien von Kunden: die geeignete Gegenpartei, den professionellen Kunden und den Privatkunden, wobei der Privatkunde in der MiFID noch Kleinanleger genannt wird.[78]

1. Geeignete Gegenpartei

§ 31a Abs. 4 S. 1 WpHG führt den Begriff der geeigneten Gegenpartei in das deutsche Recht ein.[79] Zu dieser Kundenkategorie gehören die in § 31a Abs. 2 S. 2 Nr. a) – f) WpHG genannten Unternehmen, die in § 31a Abs. 2 S. 2 Nr. 3, Nr. 4 WpHG genannten Einrichtungen und die in § 2a Abs. 1 Nr. 12 WpHG genannten Unternehmen. Ihnen allen ist gemeinsam, dass sie selbst in der Lage sind, Anlagen zu emittieren. Die geeignete Gegenpartei ist also kein besonders schützenswerter Kunde, da diese aktiv und gestaltend am Markt teilnehmen kann.

2. Professionelle Kunden

Gemäß § 31a Abs. 2 S. 1 WpHG sind professionelle Kunden alle „Kunden, bei denen das Wertpapierdienstleistungsunternehmen davon ausgehen kann, dass sie über ausreichende Erfahrungen, Kenntnisse und Sachverstand verfügen, um ihre Anlageentscheidungen zu treffen und die damit verbundenen Risiken angemessen beurteilen zu können". § 31a Abs. 2 S. 2 WpHG hält zudem eine Liste mit Kunden bereit, die unabhängig von der Erfüllung der materiellen Kriterien als sogenannte geborene professionelle Kunden angesehen werden.

3. Privatkunden

Eine positive Definition von Privatkunden wird im WpHG nicht angeboten. § 31a Abs. 3 WpHG definiert Privatkunden negativ als „alle Kunden, die keine professionellen Kunden sind". Es kommt dabei weder auf die Rechtsform des Kunden, noch auf das Vermögen an.

---

77 Ausführlicher hierzu Lampe, Informationspflicht, S. 42 f.

78 Art. 4 Abs. 1 Nr. 12 MiFID.

79 Begr. RegE (FRUG), BT-Drucks. 16/4028, S. 66.

Auch im WpHG wird der Schutz demnach auf Unternehmen und gewerbliche Kunden ausgeweitet. Es wäre irreführend, spräche man lediglich von einem Verbraucherschutz.

Der wertpapierrechtliche Verbraucherschutz richtet sich demnach nicht nach dem Schutzbedürfnis des einzelnen Anlegers, sondern einzig nach der Zugehörigkeit zu einer abstrakt definierten Personengruppe.[80] Für jede Personengruppe wird ein bestimmtes Schutzbedürfnis festgelegt. Es handelt sich daher um einen gruppenspezifisch typisierenden Anlegerschutzstandard.[81]

Allerdings ist die Einteilung der Kundengruppen nicht so starr, wie man zunächst vermuten mag. Gemäß den Vorgaben der MiFID sieht das WpHG die Möglichkeit vor, dass gemäß § 31a Abs. 5, 6 und 7 WpHG zwischen den Kundenkategorien gewechselt werden kann.[82] Es wird daher auch zwischen geborenen und gekorenen Gruppenmitgliedern unterschieden, wobei geboren solche sind, die per gesetzlicher Definition einer Kundenkategorie angehören und gekoren solche, die einer Kategorie durch Vereinbarung zugeordnet werden.[83]

Eine weitere Möglichkeit, der Gruppe der professionellen Kunden anzugehören, ist in § 31a Abs. 6 S. 5 WpHG vorgesehen. Soweit ein Kunde von einem Wertpapierdienstleistungsunternehmen bereits vor dem Inkrafttreten des FRUG am 1. November 2007 aufgrund eines Bewertungsverfahrens als professioneller Kunde behandelt wird, so darf es dies auch weiterhin tun. Dieses Verfahren wird auch als Grandfathering bezeichnet.[84]

Der zu schützende Personenkreis kann nach derzeitiger Rechtslage somit nur im Kontext des konkreten Finanzgeschäftes und der jeweils einschlägigen Normen bestimmt werden.

Insbesondere im Lichte der eingangs erwähnten Situation, dass die einzelnen Segmente der Finanzmärkte zunehmend zusammenwachsen, wird offensichtlich, dass die unterschiedlichen Schutzbereiche an der Lebenswirklichkeit vorbeigehen und keine sachgerechte Antwort auf die Frage nach einem effektiven Schutz der schutzbedürftigen Finanzmarktpartei geben. Das Zusammenwachsen und die Austauschbarkeit der verschiedenen Finanzprodukte erfordern

---

80 Clouth/Seyfried, in: Clouth/Lang, MiFID Praktikerhandbuch, Rn. 55; Lampe, Informationspflicht, S. 40; Thieme, Wertpapierdienstleistungen, S. 389.

81 Clouth/Seyfried, in: Clouth/Lang, MiFID Praktikerhandbuch, Rn. 55; Thieme, Wertpapierdienstleistungen, S. 389.

82 Das Heraufstufen wird auch als Opt-out oder Opting-up, das Herabstufen als Opt-in oder Opting-down bezeichnet. Siehe hierzu m.w.N. Lampe, Informationspflicht, S. 41.

83 Vgl. hierzu Lampe, Informationspflicht, S. 41 f.

84 Clouh/Seyfried, in Clouth/Lang, MiFID Praktikerhandbuch, Rn. 52.

zwingend einheitliche Maßstäbe des Verbraucherschutzes. Andernfalls besteht die Gefahr, von nicht oder nicht ausreichend geregelten Teilgebieten. Dies würde einem finanzmarktpolitischen Gesamtschutzkonzept entgegenlaufen.

Auch erscheint es in dem hier behandelten Zusammenhang unangebracht, nur von Verbraucherschutz zu sprechen. Der zu schützende Personenkreis geht – wie soeben gezeigt – über den Verbraucher im klassischen Sinn weit hinaus. Zu schützen sind ganz allgemein gesprochen die Kunden von Finanzdienstleistungen und Finanzprodukten. Anders als in anderen Rechtsbereichen kommt es vorliegend allein auf die Konsumierung an, nicht jedoch auf den Grund, also ob der Kunde als Privatperson oder beruflich bedingt auftritt. In beiden Fällen kann es sein, dass der Kunde dem Anbieter in einem solchen Maß unterlegen ist, dass ein korrigierendes Eingreifen von außen in die Vertragsbeziehung angemessen und sinnvoll ist. Aus diesem Grund erscheint es sachgerechter, wenn in diesem Zusammenhang von Kundenschutz statt Verbraucherschutz gesprochen wird. So wird auch im Folgenden von Kundenschutz gesprochen werden, soweit dies nicht zu Irritationen oder Unrichtigkeiten führt. Wenn im Folgenden das Wort Verbraucher benutzt wird, so ist dies in Bezug auf Finanzdienstleistungen und Finanzprodukte grundsätzlich gedanklich weiter gemeint, als die oben genannten engen Verbraucherdefinitionen.

III. Herleitung und Gliederung des Verbraucherschutzes auf nationaler Ebene

Für Rechtsgeschäfte, an denen Verbraucher beteiligt sind, hält sowohl die nationale als auch die unionsrechtliche Rechtsordnung einige Spezialvorschriften bereit. Allein die Existenz solcher Vorschriften wirft jedoch unweigerlich die Frage nach dem „Warum“ auf. Worin ist also die Besonderheit solcher Verträge zu sehen, dass es dem Gesetzgeber inzwischen wie selbstverständlich erscheint in die Vertragsbeziehungen mit speziellen Vorschriften einzugreifen?

Der Ausgangspunkt einer jeden verbraucherrechtlichen Überlegung ist die Kompensation von Ungleichgewichtslagen im Verhältnis Unternehmer und Verbraucher.[85] Dahinter steht die Erkenntnis, dass die von Adam Smith proklamierte Markttheorie in der Praxis nicht in dem erwarteten Umfang greift.[86] In seiner „Untersuchung über Natur und Wesen des Volkswohlstandes“ geht Smith von einer Selbstheilungskraft der Märkte aus. Er sieht in dem Verbraucher

85 Wiedenmann, Verbraucherleitbilder, S. 43.

86 So auch Wiedenmann, Verbraucherleitbilder, S. 44.

denjenigen Marktteilnehmer, der durch sein Nachfrageverhalten gewissermaßen darüber bestimmt, was von den Unternehmern angeboten wird.[87] Der Verbraucher schützt sich demnach durch sein Konsumverhalten quasi selber, indem er die für ihn ungünstigen Produkte und Dienstleistungen nicht nachfragt und die betroffenen Produkte und Anbieter so vom Markt verdrängt werden. Nach dieser Vorstellung ist ein staatliches Eingreifen überflüssig.

Es zeigt sich jedoch immer wieder, dass das reale Marktgeschehen den Verbraucher bei weitem nicht mit einer solchen Marktmacht ausstattet. Der Verbraucher hat vielmehr eine isolierte Position am Ende der Produktionskette übernommen.[88] Dies führt zu einer strukturellen Unterlegenheit, aus der sich der Verbraucher allein aus eigenen Kräften nicht herauszuhelfen vermag. Das bedeutet zugleich auch, dass sich die Notwendigkeit von Verbraucherschutz nicht an den finanziellen Verhältnissen des jeweiligen Verbrauchers bemisst, sondern von diesen losgelöst ist.[89]

Es herrscht weitgehend Einigkeit darüber, dass diese strukturelle Ungleichgewichtslage zwischen Verbraucher und Unternehmer einer Kompensation bedarf.[90] Ließe man das Verhältnis Verbraucher und Unternehmer mit Verweis auf die zivilrechtlich garantierte Vertragsfreiheit unangetastet, so würde dies letztendlich dazu führen, dass der Verbraucher Verträge gerade nicht selbstbestimmt schließen kann.[91] Eine wirtschaftliche bzw. Informationsüberlegenheit kann ebenfalls zu oktroyierten Vertragskonstellationen führen.

Wird ein Vertragspartner mittels vis absoluta, Zwang, Drohung oder arglistiger Täuschung zu einer Willenserklärung gebracht, so erkennt das Gesetz derartig erwirkte Willenserklärungen entweder von vornherein nicht an, oder es gibt dem Äußernden die Möglichkeit, die nicht frei getroffene Willenserklärung zurückzunehmen.[92] Die Fälle von ökonomischer Fremdbestimmung sind in diesen Vorschriften jedoch nicht geregelt, wobei die Wirkung einer solchen wirtschaftlichen Fremdbestimmung mit den übrigen Fällen der unfreien Erklärungstatbestände durchaus vergleichbar sein kann.

Uneinigkeit besteht jedoch in der Beantwortung der Frage, wie diese Kompensation der ungleichen Marktpositionen genau ausgestaltet sein muss. Im Wesentlichen haben sich folgende Kompensationsansätze herausgebildet:

---

87 Smith, Volkswohlstand, S. 518 f.
88 Wiedenmann, Verbraucherleitbilder, S. 44 f.
89 So auch Wiedenmann, Verbraucherleitbilder, S. 45 f.
90 Bülow/Artz, Verbraucherprivatrecht, S. 1, 3 ff.
91 Bülow/Artz, Verbraucherprivatrecht, S. 2 f.
92 Bülow/Artz, Verbraucherprivatrecht, S. 3.

- die Kompensation durch Information,
- die Kompensation durch inhaltlich zwingende Vorgaben,
- die Kompensation durch Widerruf und die
- Lösung von verbundenen Verträgen.

1. Kompensation durch Information

Trotz der grundsätzlichen Legitimation des Verbraucherschutzes ist das Verbraucherschutzrecht dennoch bemüht, möglichst wenige direkte Eingriffe in den Vertragsschluss vorzunehmen. An diesem Punkt setzt das Informationsmodell an, welches lediglich Vorgaben über die im Zusammenhang mit dem Vertragsschluss zu erteilende Information macht. Das Informationsmodell durchbricht insoweit das Prinzip der Privatautonomie, dass grundsätzlich jede Vertragspartei für sich selbst verantwortlich ist, die für die auf den Vertragsschluss gerichtete Willenserklärung erforderlichen Informationen einzuholen.[93] Da es jedoch im Unternehmer-Verbraucher-Verhältnis dem Verbraucher gerade nicht immer möglich ist, die erforderlichen Informationen einzuholen bzw. dies mitunter mit hohen Beschaffungskosten verbunden ist, ist es das vorrangige Ziel des Informationsmodells, dieses Informationsungleichgewicht möglichst aufzuheben. Das Informationsmodell verpflichtet die Unternehmer, dem Verbraucher ungefragt bestimmte Informationen zur Verfügung zu stellen. Entscheidend für eine sinnvolle Umsetzung des Informationsmodells ist, dass dem Verbraucher nicht irgendeine oder besonders viel Information zur Verfügung gestellt wird. Vielmehr muss er Zugang zu denjenigen Informationen erhalten, die ihn befähigen eine selbstständige und eigenverantwortliche Entscheidung zu treffen.[94]

Nachdem der Unternehmer den Verbraucher ordnungsgemäß informiert hat und so annähernd eine Vertragsparität hergestellt wurde, wird der Vertrag ganz im Sinne der zivilrechtlichen Grundsätze geschlossen. Ein direkter Eingriff in den Vertrag oder gar eine Inhaltskontrolle ist von dem Informationsmodell nicht umfasst.[95]

Wichtig ist, dass die Informationen vor Vertragsschluss zur Verfügung stehen, damit im Anschluss die Vertragsparteien sich bei Vertragsschluss auf Augenhöhe gegenüberstehen.[96]

---

93 Wiedenmann, Verbraucherleitbilder, S. 224.

94 Wiedenmann, Verbraucherleitbilder, S. 224 f.; Kind, Grenzen, S. 101 ff.

95 Wiedenmann, Verbraucherleitbilder, S. 224.

96 Grundmann, JZ 2000, 1133 (1135).

Aus diesem Grund ist das Informationsmodell grundsätzlich bevorzugt anzuwenden, solange hierdurch die strukturelle Unterlegenheit des Verbrauchers wesentlich abgebaut werden kann.[97]

2. Kompensation durch inhaltlich zwingende Vorgaben

Das Informationsmodell stößt insbesondere dann auf unüberwindbare Hindernisse, wenn hierdurch weder eine Angleichung der Positionen der Vertragspartner noch eine wesentliche Verbesserung der Stellung des Verbrauchers erreicht werden kann.[98] Dies ist etwa dann der Fall, wenn der Verbraucher keine oder nur eine sehr geringe Chance hat, die Information überhaupt wahrzunehmen bzw. zu verarbeiten und richtig einzuschätzen.[99] Für diese Fälle, in denen also trotz an sich ausreichend erteilter Information an den Verbraucher nach wie vor die Gefahr besteht, dass eine Vertragsparität nicht hergestellt werden kann, hält der Gesetzgeber weitere Kompensationsmöglichkeiten vor, die überwiegend darin bestehen, dass dem Verbraucher die Möglichkeit eröffnet wird, sich innerhalb bestimmter Fristen von dem Vertrag zu lösen.

3. Widerruf

Neben dem Informationsmodell hat sich inzwischen die Möglichkeit des Widerrufs als meist verwendetes Verbraucherschutzinstrument sowohl auf europäischer als auch auf nationaler Ebene etabliert.[100] Das Widerrufsrecht gibt dem Kunden die Möglichkeit, seine auf einen Vertragsschluss gerichtete Willenserklärung zu widerrufen und sich auf diese Weise von dem Vertrag zu lösen. So wird dem Kunden auch nach Vertragsschluss ein Überdenken seiner Handlung ermöglicht. Insbesondere im Fall des Fernabsatzes und des Haustürgeschäfts ist

---

97 Die Herstellung vollkommener Wissens- und wirtschaftlicher Gleichheit zwischen den Vertragsparteien kann weder durch das Informationsmodell noch durch ein anderes vertretbares Kompensationsmodell erreicht werden. Dies ist dem nicht veränderbaren Umstand geschuldet, dass der Unternehmer sich professionell mit seinen Produkten auseinandersetzt und diese oftmals auch selber entwickelt hat. Der hier gewonnene Wissensvorsprung lässt sich nicht abbauen. Dies ist auch gar nicht im Sinne der Privatautonomie. Diese umfasst vielmehr auch das Recht des Wissensvorsprungs einer Vertragspartei und schützt diesen. Ein Eingriff ist erst dann notwendig, wenn der Wissensvorsprung einer Vertragspartei so groß ist, dass das Gegenüber in seiner freien Willensbildung erheblich beeinträchtigt wird.

98 Wiedenmann, Verbraucherleitbilder, S. 64.

99 Kind, Grenzen, S. 101 ff., 539.

100 Wiedenmann, Verbraucherleitbilder, S. 225.

das Widerrufsrecht dem Informationsmodell teilweise sogar vorzuziehen. Die Umstände, unter denen solche Verträge geschlossen werden, ermöglichen es trotz aller Information dem Kunden regelmäßig nicht, die Ware oder Dienstleistung vor Vertragsschluss in Augenschein zu nehmen und angemessen zu überprüfen. Dies ist ihm erst nach Erhalt bzw. nach Vertragsschluss möglich.[101]

Kommt der Kunde zu dem Schluss, ein für ihn nicht vorteilhaftes Geschäft geschlossen zu haben, so soll er sich innerhalb der Widerrufsfrist von dem Vertrag lösen können, ohne hierdurch Nachteile in Kauf nehmen zu müssen.[102] Insbesondere bei Verträgen über Finanzdienstleistungen bindet sich der Kunde zum Teil über sehr lange Zeiträume und muss während der gesamten Vertragslaufzeit unter Umständen erhebliche finanzielle Belastungen stemmen. Regelmäßig handelt es sich bei Finanzverträgen um Geschäfte, bei denen der Kunde auf keine oder nur sehr geringe eigene Erfahrungen zurückgreifen kann. Bei solchen Nicht-Erfahrungsgeschäften ist es durchaus möglich, dass dem Kunden die vollständige Tragweite seines Handels erst nach Vertragsschluss bewusst wird. Dies kann auch die Erkenntnis umfassen, dass er wirtschaftlich gar nicht zur Erfüllung seiner vertraglichen Pflichten in der Lage ist. In solchen Fällen ist es nicht nur im Sinn des jeweiligen Kunden, sondern je nach Art des Falles auch im Interesse der Solidargemeinschaft, dass sich der Betroffene von dem Vertrag lösen kann.[103]

Der Ansicht, dass Widerrufsrechte unverhältnismäßig in die Vertragsfreiheit der jeweiligen Parteien, insbesondere der Unternehmer, eingreifen, ist nicht zuzustimmen. Zwar wird durch das Widerrufsrecht und der dadurch bedingten vollständigen Auflösung des Vertragsverhältnisses der zivilrechtliche Grundsatz pacta sunt servanda durchbrochen; dieser Eingriff stellt sich bei genauerem Hinsehen aber als nicht so dramatisch dar. Die regelmäßige Widerrufsfrist beträgt gemäß § 355 Abs. 1 Satz 2 BGB zwei Wochen und ist damit recht kurz bemessen. Der Unternehmer hat somit zumeist innerhalb weniger Tage die Gewissheit, ob der Vertrag bestehen bleibt oder nicht.

Aufgrund der kurzen, aber sehr effektiven und vollständigen Lösungsmöglichkeit vom Vertrag bezeichnet Wand das Widerrufsrecht völlig zu Recht als „ein scharfes Schwert des Verbraucherschutzes".[104]

---

101 So auch Bülow/Artz, Verbraucherprivatrecht, S. 12.

102 Kemper, Verbraucherschutzinstrumente, S. 227.

103 Genannt seien hier nur die Schlagworte Schuldenturm und Überschuldung.

104 Wandt, Versicherungsrecht, S. 113.

4. Verbundene Verträge

Einen besonderen Fall der Vertragslösung durch den Verbraucher[105] regelt § 358 BGB. Es handelt sich hierbei um die Lösung von sogenannten verbundenen Verträgen. In diesen Fallkonstellationen hat sich der Verbraucher mit zwei an sich eigenständigen Verträgen an verschiedene Unternehmer gebunden. Dabei ist einer der Verträge stets auf die Finanzierung einer Verpflichtung aus dem anderen Vertrag gerichtet. Hier besteht für den Verbraucher dann aufgrund der zwei unterschiedlichen Verträge das Risiko, dass er beispielsweise zur Rückgabe einer mangelhaften Kaufsache berechtigt ist, sich also durch Rücktritt von dem Vertrag lösen darf, aber der zur Kaufpreisfinanzierung abgeschlossene Verbraucherdarlehensvertrag weiterhin bedient werden muss. Auch anders herum ist es offensichtlich unbillig, dass dem Verbraucher in Bezug auf den Verbraucherdarlehensvertrag ein Widerrufsrecht zugestanden wird, er aber bei dessen Ausübung dann eine Verbindlichkeit aus einem anderen Vertrag hat, die er nun nicht mehr leisten kann. Unter der Voraussetzung, dass beide Verträge eine wirtschaftliche Einheit bilden und die Unternehmer von dem jeweils anderen Vertrag und dem Zusammenhang zwischen beiden Verträgen Kenntnis hatten, schreibt § 358 BGB vor, dass sich ein ausgeübtes Lösungsrecht von dem einen Vertrag auch auf den zweiten Vertrag auswirkt. Die verbraucherschützende Kompensation liegt also darin, dass die eigentlich rechtliche Isolierung der beiden Verträge aufgebrochen wird.[106] Der Zusammenhang zwischen beiden Verträgen muss für alle Parteien offensichtlich gewesen sein.[107] Dies ist etwa der Fall, wenn ein Autohaus zur Kaufpreisfinanzierung ein Darlehen einer kooperierenden Bank vermittelt.

IV. Zwischenergebnis

Als deutlich mildere Maßnahme sollte das Informationsmodell das Leitmodell gesetzgeberischen Handelns sein und bleiben. Erst wenn das angestrebte Ziel des Kundenschutzes nicht durch Information ausreichend erreicht werden kann, ist über den Einsatz alternativer Kompensationsmodelle nachzudenken.[108] Bei aller Legitimation des Verbraucherschutzes darf jedoch nicht aus den Augen verloren werden, dass die völlige Gleichheit zwischen den Vertragsparteien keinesfalls

---

105 Dieses Recht steht schon nach dem Gesetzeswortlaut nur dem Verbraucher i.S.v. § 13 BGB zu.

106 Bülow/Arzt, Verbraucherprivatrecht, S. 13.

107 Grüneberg, in Palandt, 74. Aufl., § 358, Rn. 10 f.

108 Zu diesem Ergebnis kommt auch Wiedenmann, Verbraucherleitbilder, S. 65.

zwingend herzustellen ist. Bis zu einem gewissen Grad ist die Ungleichheit zwischen den Vertragsparteien als Bestandteil der Vertragsfreiheit zu sehen und zu akzeptieren. Es muss von dieser gerade auch umfasst sein, dass sich ein Vertragspartner einen gewissen Informationsvorsprung verschafft und diesen auch während der Vertragsverhandlungen nicht aufgibt und stattdessen zu seinen Gunsten nutzt.

Es sei vorweggenommen, dass im hier behandelten Bereich der Finanzdienstleistungen überwiegend auf das Informationsmodell zurückgegriffen wird.[109] Dies ergibt sich schon daraus, dass insbesondere bei Finanzdienstleistungen und Finanzprodukten inhaltlich zwingende Vorgaben zumeist wenig Sinn ergeben. Ein Verbraucher, dem die zur Einschätzung des jeweiligen Finanzproduktes wesentlichen Informationen vor Vertragsschluss fehlen, wird diese ohne Dazutun von Dritten auch nicht nach Vertragsschluss erhalten. Zudem ist der Zeitraum zwischen Vertragsschluss und Fristablauf für die Vertragslösungsrechte regelmäßig zu kurz, als dass der Verbraucher sich die notwendigen Informationen selber beschaffen kann. Ein Finanzprodukt kann mangels Körperlichkeit auch gar nicht, wie beispielsweise ein erworbener Gegenstand, in Augenschein genommen werden. Ein effektiver Schutz ist somit regelmäßig vorwiegend durch entsprechende vorvertragliche Informations-, Aufklärungs- und Warnpflichten möglich.

---

109 Siehe auch Grundmann, JZ 2000. 1133 (1135).

E. Entwicklung des Kundenschutzes bei Finanzdienstleistungen

Wie inzwischen in den meisten Rechtsgebieten übt das Unionsrecht auch auf das nationale Verbraucherschutzrecht einen erheblichen Einfluss aus. Bereits 2001 stellte Wulf-Henning Roth zutreffend fest, dass die Umsetzung von unionsrechtlichem Verbraucherschutzrecht eine Daueraufgabe des nationalen Gesetzgebers werde.[110] Seit den siebziger Jahren hat sich die Europäische Gemeinschaft organisatorisch so aufgestellt, dass sie die Verbraucherschutzgesetzgebung verstärkt vorantreiben konnte.[111] Eine Vielzahl von gemeinschaftsrechtlichen Maßnahmen trug seitdem wesentlich dazu bei, dass der moderne Kunde heute unionsweit ein hohes Schutzniveau genießt.[112] Der Einfluss des Gemeinschaftsgesetzgebers auf die nationale Gesetzgebung wird insbesondere an den kapitalmarkt-rechtlichen Vorschriften deutlich. Gut 80 % der nationalen Gesetzgebungsakte auf diesem Gebiet sind auf Initiativen und Entscheidungen des europäischen Gesetzgebers zurückzuführen.[113] Nahezu alle diese europäischen Gesetzgebungsakte haben zumindest auch kundenschützende Vorschriften zum Inhalt. Dies verdeutlicht, welchen Einfluss der Gemeinschafts- bzw. Unionsgesetzgeber auf die Kapital- und Finanzmärkte ausübt.

---

110 Roth, JZ 2001, 475 (483).

111 Aus der Dienststelle für Umwelt- und Verbraucherschutz wurde die Generaldirektion XIV, die sogleich mit einem eigenen „Verbraucherschutzkommissar" ausgestattet wurde.

112 Insbesondere ist hier die durch die am 17. Februar 1986 verabschiedete Einheitliche Europäische Akte gegebene Verpflichtung der Mitgliedstaaten, den Binnenmarkt bis zum 1. Januar 1993 zu vollenden zu erwähnen. In deren Folge wurden insbesondere einige europäische verbraucherschützende Richtlinien erlassen. Genannt seien beispielhaft die Richtlinie 90/314/EWG, ABl. L 158, über Pauschalreisen vom 23. Juni 1990, die Richtlinie 93/13/EWG, ABl. L 95, über missbräuchliche Klauseln in Verbraucherverträgen vom 5. April 1993, die Richtlinie 97/5/EG, ABl. L 43, über grenzüberschreitende Überweisungen vom 27. Januar 1997 und die Richtlinie 97/7/EG, ABl. L 144, über den Verbraucherschutz bei Vertragsabschlüssen im Fernabsatz vom 20. Mai 1997.

113 Quelle: Homepage des Bundesministeriums der Finanzen, http://www.bundesfinanzministerium.de/DE/Wirtschaft__und__Verwaltung/Geld__und__Kredit/Aufgaben__und__Ziele/Das__Ziel__fest__im__Blick.html, abgerufen am 26. Juni 2010.

Allerdings ist die unionsrechtliche Motivation, verbraucherschutzrechtliche Standards zu setzen, nicht gleichlaufend mit der nationalen. Während letztere eher sozialpolitischer Natur ist und die strukturelle Unterlegenheit des Verbrauchers zu kompensieren versucht, sind die gemeinschafts- bzw. unionsrechtlichen Aktivitäten mehrheitlich marktpolitisch motiviert. Dahinter steht die Sorge, dass unterschiedliche nationale Schutzstandards sich letztendlich hinderlich im Hinblick auf die Verwirklichung eines einheitlichen Binnenmarktes auswirken können.[114]

Erst seit dem Maastricht-Vertrag[115] ist es dem Gemeinschafts- bzw. Unionsgesetzgeber gemäß ex-Art. 129a EGV, seit dem Amsterdam-Vertrag[116] ex-Art. 153 EGV und seit dem Vertrag von Lissabon[117] nun Art. 169 AEUV[118] kompetenzrechtlich möglich, reine Verbraucherschutzmaßnahmen zu erlassen. Insbesondere die Tatsache, dass gemäß ex-Art. 153 EGV (nun Art. 169 II lit. a AEUV) erstmals festgeschrieben wurde, dass der Gemeinschaftsgesetzgeber Maßnahmen auf dem Gebiet des Verbraucherschutzes erlassen darf, hat auch dem Gemeinschafts- bzw. Unionsverbraucherschutz eine sozialere Note gegeben. Durch diese Kompetenzerweiterung war der Unionsgesetzgeber nicht mehr gezwungen, verbraucherschützende Maßnahmen hauptsächlich auf die Gesetzgebungskompetenz betreffend, die Verwirklichung des Binnenmarktes zu stützen. Dennoch werden sich Unionsmaßnahmen weiterhin nicht einzig an sozialen Verbraucherschutzzielen orientieren, sondern stets auch den weiteren Fortschritt des Binnenmarktes im Blick behalten. Dies verlangt schon der Gesetzestext, wie Art. 169 II lit. a AEUV zeigt.

Insbesondere das Kapitalmarkt- und Bankrecht stellt heute eines der am umfassendsten europarechtlich harmonisierten Rechtsgebiete dar.[119] Eines der

---

114 So auch Wiedenmann, Verbraucherleitbilder, S. 46, der seine Ansicht richtigerweise auch mit dem 1. und 2. Erwägungsgrund der Haustürwiderrufs-Richtlinie 85/277/EWG vom 20. Dezember 1985, ABl. 1985 L 372/31, begründet.

115 Auch Vertrag von Maastricht; Vertrag über die Europäische Union vom 07. Februar 1992; ABl. C 191 vom 29. Juli 1992.

116 Vertrag von Amsterdam zur Änderung des Vertrags über die Europäische Union, der Verträge zur Gründung der Europäischen Gemeinschaften sowie einiger damit zusammenhängender Rechtsakte, ABl. 340 vom 10. November 1997.

117 Vertrag von Lissabon zur Änderung des Vertrags über die Europäische Union und des Vertrags zur Gründung der Europäischen Gemeinschaft, ABl. C 306 vom 17. Dezember 2007.

118 Vertrag über die Arbeitsweise der Europäischen Union, ABl. C 115/47 vom 9. Mai 2008.

119 Spindler/ Kasten, WM 2006, 1749 (1749).

zentralen Anliegen dieser Rechtsvereinheitlichung ist die Ausgestaltung und Verbesserung des Verbraucherschutzes.[120] Will man also den derzeitigen Wandel des Finanzdienstleistungsrechtes untersuchen, so führt zunächst an einer Auswertung der europäischen Aktivitäten kein Weg vorbei. Es hat auf diesem Gebiet in den vergangenen Jahren nahezu keine rechtliche Novellierung gegeben, die ihren Ursprung nicht auf Gemeinschafts- bzw. Unionsebene gefunden hat. Hier seien zunächst einmal der Aktionsplan Finanzdienstleistungen (FSAP)[121] von 1999 sowie das Grün- und Weißbuch Finanzdienstleistungen 2005 - 2010 der EU[122] genannt.

I. Financial Service Action Plan

Am 11. Mai 1999 wurde von der Europäischen Kommission der Financial Service Action Plan (FSAP)[123] verabschiedet. Dieser Aktionsplan stellt die konzeptionelle Grundlage für die von der Union angestrebten Rechtsänderungen auf den europäischen Kapitalmärkten dar. Hauptbeweggrund der Kommission für den Aktionsplan war die Feststellung, dass der Integrationsprozess des europäischen Kapital-marktes trotz zahlreicher Maßnahmen seit 1973 noch immer weit entfernt von einer Einheitlichkeit ist.[124]

Der FSAP verfolgt drei strategische Ziele:

1. Errichtung eines einheitlichen Firmenkundenmarktes für Finanzdienstleistungen,
2. Schaffung offener und sicherer Privatkundenmärkte und
3. Modernisierung der Aufsichtsregeln.[125]

---

120 Kümpel, WM 2005, 1 (1).

121 Mitteilung der Kommission, Finanzdienstleistungen: Umsetzung des Finanzmarktrahmens: Aktionsplan, KOM(1999) 232, 11. Mai 1999.

122 Grünbuch der Kommission vom 3. Mai 2005 zur Finanzdienstleistungspolitik (2005–2010), KOM(2005) 177 endg. – nicht im Amtsblatt veröffentlicht und Weißbuch der Kommission vom 1. Dezember 2005 zur Finanzdienstleistungspolitik (2005–2010), KOM(2005) 629 endg. – nicht im Amtsblatt veröffentlicht

123 Mitteilung der Kommission, Finanzdienstleistungen: Umsetzung des Finanzmarktrahmens: Aktionsplan, KOM (1999) 232, 11. Mai 1999.

124 KOM (1999), 232, S. 1.

125 Quelle: http://europa.eu/legislation_summaries/internal_market/single_market_services/financial_services_general_framework/l24210_de.htm, abgerufen am 9. November 2017.

II. Market in Financial Instruments Directive

Eines der wesentlichen Gesetzgebungsvorhaben, die aus dem FSAP hervorgingen, stellt die Richtlinie über Märkte für Finanzinstrumente (Market in Financial Instruments Directive - MiFID)[126] dar. Ausgangspunkt der MiFID ist der Wille der Kommission, dass Anleger jeglicher Art dazu befähigt werden sollen, leichter grenzüberschreitende Investitionen vorzunehmen und unionsweit vergleichbare Bedingungen auf den Handelsplätzen vorzufinden.[127]

Mit der MiFID hat der europäische Gesetzgeber einen wesentlichen Teil der Ziele des FSAP umgesetzt.[128] Sie wird teilweise sogar als Verfassung des Kapitalmarktrechtes bezeichnet[129] und als das bedeutendste europäische Regelungswerk für den Kapitalmarkt bezeichnet[130].

Im Kern verfolgt die MiFID zwei Regelungsansätze, um die Kapitalmärkte kundenfreundlicher zu gestalten:

1. Gewährleistung des Anlegerschutzes und der Marktintegrität durch Festlegung harmonisierter Anforderungen für die Tätigkeiten der zugelassenen Intermediäre und
2. Förderung fairer, transparenter, effizienter und integrierter Finanzmärkte.[131]

---

126 Richtlinie 2004/39/EG des Rates und des Europäischen Parlamentes vom 21. April 2004 über Märkte für Finanzinstrumente, zur Änderung der Richtlinien 85/611/EWG und der Richtlinie 2000/12/EG des Europäischen Parlaments und des Rates und zur Aufhebung der Richtlinie 93/22/EWG, ABl. Nr. L 141 vom 30. April 2004, S. 1.

127 Richtlinie 2004/39/EG, Erwägungsgrund 2.

128 Begründung des Rates, aus: Gemeinsamer Standpunkt (EG) Nr. 9/2004, vom Rat festgelegt am 8. Dezember 2003, ABl. Nr. C 60 E vom 9. März 2004, S. 44: „Ziel: Die Richtlinie ist ein zentrales Element für die Umsetzung des Aktionsrahmens für Finanzdienstleistungen.“; Bundesverband deutscher Banken, Europäische Wertpapiermärkte - Konsolidierung des Rechtsrahmens, Januar 2006, S. 17, Fundstelle: http://www.bankenverband.de/pic/artikelpic/012006/br0601_eu_wpmarkt_dt.pdf.

129 Spindler / Kasten, WM 2006, 1749 (1749).

130 Mitteilung auf der Homepage der BaFin, Fundstelle: http://www.bafin.de/DE/Unternehmen/BankenFinanzdienstleister/Finanzmarktrichtlinie/finanzmarktrichtlinie__node.html.

131 Begründung der Kommission für den Vorschlag einer Richtlinie über Wertpapierdienstleistungen und geregelte Märkte vom 19. November 2002, KOM(2002) 625 endg., S. 9.

Die MiFID gilt für den gesamten Europäischen Wirtschaftsraum (EWR). Somit ist sie über das Abkommen über den EWR[132] in sämtlichen Staaten des EWR, also nicht nur in den Mitgliedstaaten der EU umzusetzen.

Die MiFID, die in Deutschland durch das Finanzmarktrichtlinie-Umsetzungsgesetz (FRUG)[133] umgesetzt wird, ordnet weite Teile des Kapitalmarktrechtes neu[134]. Der gesamte Umfang der MiFID und die Umsetzung in nationales Recht kann daher im Rahmen dieser Arbeit nicht besprochen werden.[135]

Einen verbesserten Kunden- und Anlegerschutz versucht die Kommission in erster Linie mittels Bestimmungen für faires Verhalten im Kontext der Anlageberatung und -vermittlung und erhöhte Transparenzanforderungen, wie etwa die Offenlegung von Zuwendungen und Provisionen, zu erreichen. Diese Transparenz soll einen positiven Einfluss auf den Wettbewerb haben.

Allgemeine Grundsätze für die Erbringung von Wertpapierdienstleistungen durch Wertpapierdienstleister enthält Art. 19 MiFID. Demnach sind Wertpapierdienstleister verpflichtet, „bei der Erbringung von Wertpapierdienstleistungen für ihre Kunden ehrlich, redlich und professionell im bestmöglichen Interesse ihrer Kunden" zu handeln. Den Wertpapierdienstleistern wird dabei in Art. 19 MiFiD ein Zwei-Säulen-Modell vorgegeben. Gemäß Art. 19 Abs. 4–6 MiFID sind sie zunächst verpflichtet, die notwendigen Kundenangaben einzuholen. Auf Basis dieser Angaben müssen dem Kunden dann die notwendigen Informationen erteilt werden. Gemäß Art. 19 Abs. 8 MiFID hat der Wertpapierdienstleister dem Kunden über die ausgeführte Dienstleistung zu berichten.

---

132 Abkommen über den Europäischen Wirtschaftsraum – Schlußakte – Gemeinsame Erklärungen der Vertragsparteien – Erklärung der Regierungen der EG-Mitgliedstaaten und der EFTA-Staaten – Übereinkommen – Vereinbarte Niederschrift – Erklärungen einzelner oder mehrerer Vertragspartner des Abkommens über den Europäischen Wirtschaftsraum, ABl. EU Nr. L 1 vom 3. Januar 1994, S. 3 ff.

133 Gesetz zur Umsetzung der Richtlinie über Märkte für Finanzinstrumente (Richtlinie 2004/39/EG) und der Durchführungsrichtlinie (Richtlinie 2006/73/EG) der Kommission (Finanzmarktrichtlinie-Umsetzungsgesetz) vom 16. Juli 2007, BGBl. I, 1330 vom 19. Juli 2007.

134 Siehe hierzu etwa: Spindler/Kasten, WM 2006 1749 (1751–1756); ders. WM 2007, 1245–1249.

135 Vgl. zur Umsetzung etwa: Lampe, Informationspflicht, S. 13 ff.

III. Versicherungsvermittlerrichtlinie

Parallel zum Wertpapierverkauf wurde auch die Versicherungsvermittlung durch eine Richtlinie neu geregelt.[136] Sie sieht eine Erlaubnis- und Registrierungspflicht für selbstständige Versicherungsvermittler und -berater vor und führt bestimmte Dokumentations- und Informations-pflichten ein. Insbesondere ist die Zulassung als Versicherungsvermittler künftig an das Vorliegen ausreichender Sachkunde und Vermögensschadenabsicherung für die Kunden geknüpft.

IV. Verbraucherkreditrichtlinie 2008

Die Verbraucherkreditrichtlinie 2008 wurde am 23. April 2008 vom Europäischen Parlament verabschiedet.[137] Damit wurde ein rund zwölf Jahre währender zäher europäischer Gesetzgebungsprozess zur Umsetzung auf den nationalen Gesetzgeber übertragen. Bereits im Jahr 1996 gab es einen ersten gemeinschaftlichen Anstoß, die noch aus dem Jahre 1987 stammende Verbraucherkreditrichtlinie abzulösen, da sich diese überholt hatte.[138] Doch erst 2002 wurde von der Kommission ein erster Entwurf für eine neue Verbraucherkreditrichtlinie vorgelegt.[139] Dieser Entwurf wurde vielfach so heftig kritisiert, dass der Rechtsausschuss des Parlaments zwischenzeitlich sogar eine völlige Neufassung in Erwägung zog. So weit kam es zwar nicht, dennoch hatte das Parlament 150 Änderungsvorschläge unterbreitet, die es in einem zweiten Entwurf zu berücksichtigen galt.[140] Die Kommission legte in den Jahren 2004[141] und 2005[142] zwei weitere Entwürfe der Richtlinie vor. Sie hielt die geplante Reform des Verbraucherkreditrechts richtigerweise für so wesentlich, dass sie sich gegen alle Widerstände durchsetzte.

---

136 Richtlinie 2002/92/EG vom 9. Dezember 2002 über Versicherungsvermittlung, ABl. EG L 9/3 vom 15. Januar 2003.

137 Richtlinie 2008/48/EG vom 23. April 2008 über Verbraucherkreditverträge und zur Aufhebung der Richtlinie 87/102/EWG des Rates, ABl. EU Nr. L 133/66 vom 22. Mai 2008.

138 KOM(96) 209, Grünbuch der Kommission – Finanzdienstleistungen: Wahrung der Verbraucherinteressen.

139 KOM(2002) 443 endg. vom 11. September 2002, ABl. EG Nr. C Nr. 331 vom 31. Dezember 2002, S. 200 ff.

140 Stellungnahmen des Europäischen Wirtschafts- und Sozialausschusses vom 17. Juli 2003 sowie des Europäischen Parlaments (erste Lesung) vom 20. April 2004.

141 KOM(2004) 747 endg. vom 28. Oktober 2004.

142 KOM(2005) 483 endg. vom 7. Oktober 2005.

Die Schutzbedürftigkeit der Verbraucher bei Kreditverträgen ist stark angestiegen.[143] In den vergangenen fünfundzwanzig bis dreißig Jahren hat sich das Konsumverhalten der Verbraucher grundlegend geändert, wie eine europäische Studie aus dem Jahr 2001 verdeutlicht.[144] Es wird festgestellt, dass das Problem der Überschuldung für die Verbraucher oft ein neues Phänomen sei, da diese früher in einer „cash society" lebten, in der nur dasjenige Geld ausgegeben wurde, welches gerade zur Verfügung stand. Heute beträgt das europaweite Jahresvolumen an Verbraucherkrediten 800 Mrd. Euro,[145] was rein statistisch einer jährlichen Pro-Kopf-Verschuldung von rund 1.600 Euro entspricht. In einzelnen Mitgliedsstaaten beträgt der Anteil der überschuldeten Bevölkerung über 50 %, im europäischen Durchschnitt immerhin noch 15 %.[146] Diese Zahlen verdeutlichen, warum es der Kommission so wichtig war, den Schutz der Verbraucher bei Kreditverträgen auszubauen. Ein weiteres, mit der Richtliniennovellierung verfolgtes Ziel ist die Herstellung verbesserter Rahmenbedingungen für ein grenzüberschreitendes Angebot von Verbraucherkrediten.[147]

Erst im Mai 2007 gelang unter der deutschen Ratspräsidentschaft auch im Europäischen Rat der Durchbruch und eine politische Einigung konnte erzielt werden. Am 22. Mai 2008 wurde die Richtlinie im Amtsblatt der EU veröffentlicht.

---

143 Siems, EuZW 2008, 454 (455).

144 Abrufbar unter: http://ec.europa.eu/consumers/cons_int/fina_serv/cons_directive/fina_serv06_en.pdf.

145 Presseerklärung der EU-Kommission vom 16. Januar 2008, IP/08/55, abrufbar unter: http://europa.eu/rapid/pressReleasesAction.do?reference=IP/08/55&format=HTML&aged=0&language=DE.

146 Siems, EuZW 2008, 454 (455).

147 Erwägungsgründe 6 und 7 Richtlinie 2008/48/EG.

F. Kundenschutz beim Versicherungsvertrag

Bevor das deutsche Versicherungsvertragsrecht 2008 grundlegend reformiert wurde,[148] galt nahezu unverändert das Recht von 1908[149]. Ein beinahe 100-jähriges Gesetz vermag jedoch auf viele Fragen der Moderne keine rechte Antwort zu geben.[150]

In diesem Zeitrahmen hatten sich sowohl die gesellschaftlichen Anforderungen an die Versicherungen als auch die Versicherungswirtschaft selbst erheblich verändert.[151] Es ist eine Reihe neuer Versicherungen wie die private Krankenversicherung oder die Rechtsschutzversicherung entstanden. Daneben haben sich auch hybride Versicherungsprodukte herausgebildet, etwa die Kfz-Haftpflichtversicherung.[152]

Zwar hat das VVG insbesondere durch die Rechtsprechung im Laufe der Jahre zahlreiche Veränderungen erfahren.[153] Diese waren jedoch zumeist formaler Natur und haben den Kern des Versicherungsvertrages regelmäßig nicht berührt.[154] Der Gesetzgeber konnte es nicht weiter der Rechtsprechung überlassen, das alte Recht fortzubilden, sondern musste aktiv werden.[155]

Mit dem gesetzgeberischen Reformrundumschlag sollten von nun an mehr die Bedürfnisse eines modernen Verbraucherschutzes im Mittelpunkt stehen.[156]

Bereits Anfang 2006 wurde der breiten Öffentlichkeit ein erster Referentenentwurf für ein „Gesetz zur Reform des Versicherungsvertragsrechts“ vorgestellt.

Der einsetzende Aktionismus des Gesetzgebers kam jedoch keineswegs von ungefähr. Vorangetrieben wurde die seit langem geführte Diskussion über die Reformbedürftigkeit des VVG neben der anhaltenden Kritik vor allem von zwei höchstrichterlichen Entscheidungen aus dem Jahr 2005: Sowohl das Bundesverfassungsgericht[157] als auch der BGH[158] beschäftigten sich in dem Jahr

148 Gesetz zur Reform des Versicherungsvertragsrechts vom 23. November 2007, BGBl. I, S. 2631.
149 Versicherungsvertragsgesetz (VVG) vom 30. Mai 1908, RGBl. S. 263.
150 RegE, S. 119.
151 So auch Meixner/Steinback, Das neue Versicherungsvertragsrecht, S. 1.
152 Vgl. auch Deutsch, Das neue Versicherungsvertragsrecht, S. 25, Rn. 33.
153 RegE, S. 1, 119.
154 Römer, HFR 2009, S. 175, 177.
155 RegE, S. 1, 119.
156 Begründung des Regierungsentwurfes, BT-Drucks. 16/3945, S. 47.
157 BVerfG, VersR 2005, 1109.
158 BGH, VersR 2005, 1565.

mit kapitalbildenden Lebensversicherungen. Am 26. Juli 2005 hatte das Bundesverfassungsgericht dann dem Gesetzgeber aufgegeben, bis zum 31. Dezember 2007 dafür Sorge zu tragen, dass bei der Ermittlung des Schlussüberschusses bei Lebensversicherungen diejenigen Vermögenswerte angemessen berücksichtigt werden, die durch die Prämienzahlungen der Versicherten geschaffen worden sind. Auch die Entscheidung des BGH vom 12. Oktober 2005 hat die Intransparenz dieser Versicherungsprodukte kritisiert. In dem Urteil hat der BGH kritisiert, dass es den Allgemeinen Geschäftsbedingungen an der nötigen Transparenz fehle und hat unter anderem festgelegt, dass Regelungen für Mindestrückkaufwerte von Versicherungen getroffen werden müssen.

Neben der sehr weitreichenden Erweiterung und zum Teil erstmaligen Aufnahme von Beratungs- und Dokumentationspflichten sowie Informationspflichten in das VVG sind noch weitere teilweise revolutionäre Änderungen durch die Reform in das Gesetz eingeführt worden.

Grundlegende Änderungen hat das VVG in den Bereichen des Vertragsabschlusses, der Laufzeit, den Sanktionen bei Obliegenheitspflichtverletzungen und der Herbeiführung von Versicherungsfällen, der Geltendmachung der Ansprüche sowie den Informationspflichten erfahren.

Im Wesentlichen stellt das neue VVG eine Umsetzung der von der Kommission zur Reform des Versicherungsvertragsrechts[159] vorgelegten Vorschläge dar.[160] Das Reformgesetz geht jedoch über diese unionsrechtlichen Vorgaben noch hinaus. Dies wird insbesondere in Bezug auf die Umsetzung der Fernabsatzrichtlinie deutlich. Das VVG n. F. verzichtet nahezu vollständig auf Sonderregelungen für Fernabsatzversicherungsverträge und verschafft den durch die Fernabsatzrichtlinie eigenführten Regelungen grundsätzliche Geltung für alle Versicherungsverträge. Dahinter steht das Bestreben des nationalen Gesetzgebers zur Herstellung eines möglichst einheitlichen Regelungswerkes.[161] Dieses Bestreben nach einer „Einheitskonzeption“[162] kommt auch darin zum Ausdruck, dass das VVG n. F. bis auf wenige Ausnahmen nicht zwischen Verbrauchern und anderen Versicherungsnehmern unterscheidet, sondern nahezu alle Schutzrechte allgemein für Versicherungsnehmer vorgesehen hat.

---

159 Siehe Abschlussbericht der Kommission zur Reform des Versicherungsvertragsrechts vom 19. April 2004, nachzulesen unter www.bmj.bund.de/files/-/647/AB%20VVG%20Komm.pdf (Stand 23.08.2015) oder Heft 25 der VersR Schriftenreihe.

160 Vgl. zum VVG RegE vom 13. März 2006 Römer, VersR 2006, 740 ff.

161 Vgl. zum Widerrufsrecht RegE BT-Drucks. 16/3945, S. 59, 61.

162 RegE BT-Drucks. 16/3945, S. 59, 61.

Die wesentlichen Neuerungen oder – wie Präve es treffend bezeichnet – „evolutionäre Weiterentwicklung“ sind in folgenden Regelungen zu finden.[163]

I. Größere Gewichtung von Beratung und Information

Der Information (§ 7 VVG i. V. m. der VVG Informationspflichtenverordnung und Beratung, §§ 6 und 61 VVG) des Versicherungsnehmers werden im VVG n. F. eine wesentlich höhere Bedeutung beigemessen. Beratung und Information müssen grundsätzlich vor Vertragsschluss in Textform (§ 126 BGB) erfolgen. Aus Beweisgründen ist über die Beratung ein Protokoll zu führen. Der genaue Umfang der zu erteilenden Informationen ist in § 1 VVG-InfoV festgelegt.

Ist der Versicherungsnehmer ein Verbraucher, so erhält er gemäß § 4 VVG-InfoV zusätzlich ein Produktinformationsblatt, in dem die wesentlichen Informationen in einer standardisierten Form noch einmal kurz und übersichtlich dargestellt sind.

II. Abschaffung des Policenmodells

Die durch das VVG n. F. bewirkte faktische Abschaffung des sog. Policenmodells ist eine der größten Auswirkungen der Neuausrichtung der Informationspflichten.

Bei einem Vertragsschluss nach altem Recht genügte der Versicherer seinen Informationspflichten, wenn er gemäß § 5a Abs. 1 VVG a. F. dem Versicherungsnehmer die vollständigen Vertragsbedingungen zusammen mit der Versicherungspolice übersandte. Der Versicherungsnehmer erfuhr so jedoch oftmals erst nach Vertragsschluss den genauen Vertragsinhalt. Diese Form des Vertragsschlusses, Policenmodell genannt, ist mit dem VVG grundsätzlich nicht mehr zu vereinbaren, da dem Versicherungsnehmer sämtliche Informationen rechtzeitig vor Vertragsschluss vorliegen müssen.

III. Einheitliches Vertragslösungsrecht

Die Regelungen zur Vertragslösung sind vereinheitlicht und vom Vertriebsweg losgelöst worden. § 8 VVG normiert nun für den Versicherungsnehmer ein einheitliches Widerrufsrecht. Der Versicherungsnehmer kann gemäß § 8 Abs. 1 Satz 1 VVG seine auf den Vertragsschluss gerichtete Willenserklärung binnen 14

163 So im Ergebnis etwa auch Meixner/Steinbeck, Das neue Versicherungsvertragsrecht, S. 2 ff.

Tagen widerrufen; bei der Lebensversicherung gewährt § 152 Abs. 1 VVG sogar ein 30 tägiges Widerrufsrecht.

IV. Obliegenheiten

Im Gegensatz zum alten Recht hat nach § 19 Abs. 1 VVG n. F. der Versicherungsnehmer dem Versicherer nur noch diejenigen in seiner Person liegenden Gefahrumstände anzuzeigen, nach denen er in Textform gefragt wurde. Der Gesetzgeber hat in seiner Gesetzesbegründung zu Recht ausgeführt, dass für den Versicherungsnehmer in der Pflicht, auch nicht abgefragte Informationen liefern zu müssen, ein „unangemessenes Risiko" liege, da von einem Laien gar nicht zutreffend bewertet werden könne, welche Informationen er auch ungefragt zu offenbaren habe.[164] Umstände, nach denen nicht gefragt wird, müssen nun nicht mehr angegeben werden. Gemäß § 19 Abs. 4 VVG ist das Rücktrittsrecht[165] des Versicherers aufgrund grob fahrlässig gemachter Falschangaben dann ausgeschlossen, wenn er den Vertrag „auch bei Kenntnis der nicht angezeigten Umstände, wenn auch zu anderen Bedingungen, geschlossen hätte". Dies wird in der Zukunft erhebliche Beweisprobleme mit sich bringen.

V. Neuaufnahme von Versicherungen

Die VVG Reform wurde auch zum Anlass genommen, bisher ungeregelte Versicherungsverträge, die im Laufe der Zeit entstanden sind und an Bedeutung zugenommen haben, nun erstmals explizit vertragsrechtlich zu regeln. Hier ist hauptsächlich die Berufsunfähigkeitsversicherung zu nennen, die mit den §§ 172–177 VVG n. F. nun auch gesetzlich Erwähnung findet. Damit wird der Versichertenschutz insofern ausgeweitet und verstärkt, indem nun auch für solche Verträge eindeutige gesetzliche Rahmenbedingungen gelten.

VI. Anerkenntnis des Versicherers

Sowohl aus Sicht des Versicherungsunternehmens als auch aus Sicht des Versicherungsnehmers ist mit Sicherheit die Regelung des § 173 Abs. 2 VVG von zentraler Bedeutung. Demzufolge darf das Anerkenntnis des Versicherungsunternehmens „nur einmal zeitlich begrenzt werden". Es ist bis zum Ablauf der

164 BT-Drucks. 16/3945, S. 64.
165 Innerhalb von fünf Jahren bei „grober Fahrlässigkeit", innerhalb von zehn Jahren bei Arglist oder Vorsatz, § 21 VVG.

Frist unwiderruflich. Dem Versicherer bleiben somit, wenn überhaupt, nur noch schuldrechtliche Lösungsansätze, um sich von dem Anerkenntnis zu lösen.[166]

VII. Vermittlerrecht

Auch das Recht über die Versicherungsvermittlung wurde im Rahmen der VVG-Reform auf neue rechtliche Grundlagen gestellt und ist nun im VVG und der Gewerbeordnung[167] verankert. Zurück gehen die Änderungen auf die Richtlinie 2002/92/EG über die Versicherungsvermittlung[168] die mit dem Gesetz zur Neuregelung des Vermittlerrechts in deutsches Recht umgesetzt wurde und am 22. Mai 2007 in Kraft trat.[169]

Versicherungsvermittler ist gemäß § 59 Abs. 1 VVG eine Person, die entweder ein Versicherungsvertreter oder Versicherungsmakler ist. Ein „Versicherungsvertreter im Sinn dieses Gesetzes ist [gemäß § 59 Abs. 2 VVG], wer von einem Versicherer oder einem Versicherungsvertreter damit betraut ist, gewerbsmäßig Versicherungsverträge zu vermitteln oder abzuschließen". Auch werden sogenannte Mehrfachvertreter von dem Vertreterbegriff des § 59 Abs. 2 VVG erfasst. Gemäß § 59 Abs. 3 Satz 1 VVG ist „Versicherungsmakler […], wer gewerbsmäßig für den Auftraggeber die Vermittlung oder den Abschluss von Versicherungsverträgen übernimmt, ohne von einem Versicherer oder Versicherungsvertreter damit betraut zu sein." Ebenfalls als Versicherungsmakler gelten nach § 59 Abs. 3 Satz 2 VVG sogenannte Pseudomakler. Das sind Personen, die zwar keine Versicherungsmakler sind, aber gegenüber dem Versicherungsnehmer den Anschein erweckt haben, Leistungen eines Versicherungsmaklers zu erbringen. Im Ergebnis stellt der Gesetzgeber mit diesen Formulierungen keine gänzlich neuen Definitionen zur Verfügung, sondern bestätigt vielmehr die bereits höchstrichterlich akzeptierte Definition, wonach ein Versicherungsvermittler diejenige Person ist, die Kraft rechtsgeschäftlicher Geschäftsbesorgungsmacht für einen anderen Versicherungsschutz ganz oder teilweise beschaffen oder ausgestalten soll, ohne selbst Versicherungsnehmer oder Versicherer zu

166 Langheid, NJW 2007, 3745 (3748).

167 Gewerbeordnung in der Fassung der Bekanntmachung vom 22. Februar 1999 (BGBl. I, S. 202), zuletzt geändert durch Artikel 626 Absatz 3 der Verordnung vom 31. August 2015 (BGBl. I, S. 1474).

168 Richtlinie 2002/92/EG des Europäischen Parlaments und des Rates vom 9. Dezember 2002 über Versicherungsvermittlung.

169 Gesetz zur Neuregelung des Vermittlerrechts vom 19. Dezember 2006, BGBl. I, Nr. 63, S. 3232 vom 22. Dezember 2006.

sein, gleich ob die Versicherungsvermittlung unabhängig oder gesteuert von einer Versicherungspartei erbracht wird.[170]

Die Umsetzung der Versicherungsvermittlerrichtlinie sowie die ergänzende deutsche Verordnung zur Versicherungsvermittlung und -beratung vom 15. Mai 2007[171] hat nun erstmals berufsrechtliche Pflichten für Versicherungsvermittler in Deutschland mit sich gebracht.

War die gewerbliche Versicherungsvermittlung nach altem Recht lediglich anzeigepflichtig, so unterliegt diese Tätigkeit nun grundsätzlich einer Erlaubnispflicht gemäß § 34 d Abs. 1 Satz 1 GewO. Vor allem in Anbetracht der enormen Bedeutung von Versicherungsdienstleistungen für das gesamte Sozialsystem ist es unverständlich, warum sich der nationale Gesetzgeber erst so spät und auf unionsrechtlichen Druck veranlasst gesehen hat, diesen gesetzgeberischen schritt zu gehen. Deutschland gehört zu den letzten europäischen Staaten, die die Versicherungsvermittlung unter eine berufsrechtliche Aufsicht gestellt haben.

Die nun erforderliche Erlaubnis wird von der für den jeweiligen Versicherungsvermittler zuständigen Industrie- und Handelskammer erteilt und ist gemäß § 34 Abs. 2 GewO zu versagen, wenn

1. Tatsachen die Annahme rechtfertigen, dass der Antragsteller die für den Gewerbebetrieb erforderliche Zuverlässigkeit nicht besitzt; die erforderliche Zuverlässigkeit besitzt in der Regel nicht, wer in den letzten fünf Jahren vor Stellung des Antrages wegen eines Verbrechens oder wegen Diebstahls, Unterschlagung, Erpressung, Betruges, Untreue, Geldwäsche, Urkundenfälschung, Hehlerei, Wuchers oder einer Insolvenzstraftat rechtskräftig verurteilt worden ist,
2. der Antragsteller in ungeordneten Vermögensverhältnissen lebt; dies ist in der Regel der Fall, wenn über das Vermögen des Antragstellers das Insolvenzverfahren eröffnet worden oder er in das vom Insolvenzgericht oder vom Vollstreckungsgericht zu führende Verzeichnis (§ 26 Abs. 2 der Insolvenzordnung, § 915 der Zivilprozessordnung) eingetragen ist,
3. der Antragsteller den Nachweis einer Berufshaftpflichtversicherung nicht erbringen kann oder
4. der Antragsteller nicht durch eine vor der Industrie- und Handelskammer erfolgreich abgelegten Prüfung nachweist, dass er die für die Versicherungsvermittlung notwendige Sachkunde über die versicherungsfachlichen, insbesondere hinsichtlich Bedarf, Angebotsformen und Leistungsumfang, und

---

170 BGH, VersR 1985, 930.

171 BGBl. 2007 I, S. 733.

rechtlichen Grundlagen sowie die Kundenberatung besitzt; es ist ausreichend, wenn der Nachweis durch eine angemessene Zahl von beim Antragsteller beschäftigten natürlichen Personen erbracht wird, denen die Aufsicht über die unmittelbar mit der Vermittlung von Versicherungen befassten Personen übertragen ist und die den Antragsteller vertreten dürfen.

Auffällig ist, dass der Gesetzgeber von dieser grundsätzlichen Erlaubnispflicht eine ganze Reihe Ausnahmen zugelassen hat.

1. Erlaubnisbefreiung gemäß § 34 d Abs. 3 GewO – „Produktakzessorische" Vermittler

Auf Antrag sind gemäß § 34 d Abs. 3 GewO diejenigen Versicherungsvermittler von der Erlaubnispflicht zu befreien, die Versicherungen lediglich in Ergänzung zu denen ihrer Haupttätigkeit gelieferten oder erbrachten Waren oder Leistungen vermitteln. Die Pflicht zur Registrierung gemäß § 34 d Abs. 7 GewO besteht jedoch weiterhin. Voraussetzung für diese Erlaubnisbefreiung ist allerdings, dass der Vermittler im Auftrag eines oder mehrerer Versicherer oder Vermittler tätig wird und diese sich verpflichten auch im Hinblick auf den produktakzessorischen Vermittler die Vorgaben des § 81 VAG beachten.[172] Ferner muss für sie eine Berufshaftpflichtversicherung bestehen und sie müssen zuverlässig und angemessen qualifiziert sein, sowie in geordneten Vermögensverhältnissen leben. Die Zuverlässigkeit kann durch eine entsprechende Bestätigung des Versicherers oder beauftragenden Vermittlers nachgewiesen werden. Der Anwendungsbereich der Ausnahmeregelung von § 34 d Abs. 3 GewO muss eng verstanden werden. So nennt der Gesetzgeber ausdrücklich die Verknüpfung von Kfz-Kauf und Abschluss einer Haftpflicht- bzw. Kaskoversicherung als unter diesen Tatbestand fallende Tätigkeiten.[173] Solche Anbieter haben nur ein sehr beschränktes Produktportfolio und sind aufgrund ihrer Haupttätigkeit geeignet, den Versicherungsnehmer ordnungsgemäß zu beraten. Dieser erhält dadurch den Vorteil, die zu einem Lebenssachverhalt gehörenden Produkte quasi „aus einer Hand" zu erwerben.[174]

---

172 Dörner, in: Prölss/Martin, VVG, Vorbemerkung GewO, Rn. 3.
173 BT-Drucks. 16/1935, S. 19.
174 BT-Drucks. 16/1935, S. 19.

2. Erlaubnisbefreiung gemäß § 34 d Abs. 4 GewO – Gebundene Vermittler

Gemäß § 34 d Abs. 4 GewO sind auch gebundene Vermittler von der Erlaubnispflicht gemäß § 34 d Abs. 1 GewO befreit. Gebundene Vermittler sind solche Vermittler, die ihre Tätigkeit als Versicherungsvermittler ausschließlich im Auftrag eines oder, wenn die Versicherungsprodukte nicht in Konkurrenz stehen, mehrerer im Inland zum Geschäftsbetrieb befugten Versicherungsunternehmen ausüben und durch das oder die Versicherungsunternehmen für ihn die uneingeschränkte Haftung aus seiner Vermittlertätigkeit übernommen haben. Vermittler in diesem Sinn betreiben lediglich ein nach § 14 GewO anzeigepflichtiges Gewerbe. Sie werden jedoch ebenfalls in das Vermittlerregister gemäß § 34 d Abs. 7 GewO eingetragen. Durch die Haftungsübernahme des beauftragenden Unternehmens wird eine eigene Berufshaftpflichtversicherung für den gebundenen Vermittler entbehrlich.[175] § 80 Abs. 2 VAG verpflichtet die Versicherungsunternehmen, die Zuverlässigkeit, die geordneten Vermögensverhältnisse sowie die erforderliche Qualifikation der gebundenen Vermittler selbstständig laufend zu überprüfen und sicher zu stellen.

Bemerkenswert an dieser Ausnahmeregelung ist, dass sie streng genommen die Regel darstellt. Im Juni 2013 waren in Deutschland 248.704 Versicherungsvermittler registriert.[176] 167.502 konnten von der Ausnahmeregelung des § 34 d Abs. 4 GewO Gebrauch machen.[177]

3. Erlaubnisbefreiung gemäß § 34 d Abs. 9 GewO – Annexvertrieb

§ 34 d Abs. 9 GewO sieht schließlich für all diejenigen Vermittler eine vollständige Befreiung von Erlaubnis und Registrierung vor, die Versicherungsvermittlung rein nebenberuflich im sog. Annexvertrieb betreiben. Die Befreiung von den Verpflichtungen aus § 34 d Abs. 1 – 8 GewO begründet der Gesetzgeber damit, dass bei diesen Vermittlern aufgrund des unbeachtlichen Umfangs der Vermittlertätigkeit und des äußerst geringen Prämienaufkommens und Risikos für den Versicherungsnehmer von einer strengen Überwachung abgesehen werden kann.[178] Die Voraussetzungen müssen hierbei kumulativ

175 Es ist jedoch durchaus lebensnah, dass die Versicherungsunternehmen von ihren gebundenen Vermittlern regelmäßig einen solchen Nachweis verlangen werden.

176 Quelle: DIHT Service GmbH, am 10. November 2017 abgerufen unter: http://www.dihk.de/themenfelder/recht-steuern/oeffentliches-wirtschaftsrecht/versicherungsvermittlung-anlageberatung/zahlen-und-fakten/eingetragene-vermittler.

177 Quelle: DIHT Service GmbH, ebenda.

178 BT-Drucks. 16/1935, S. 20.

vorliegen.[179] Das heißt, dass ein Vermittler nur dann gemäß § 34 d Abs. 9 Nr. 1 GewO und im Sinne der Versicherungsvermittlerrichtlinie, Art. 1 Abs. 2 lit. a)-f), von der Anforderungen der Abs. 1–8 befreit ist, wenn

(1) er kein hauptberuflicher Vermittler ist;
(2) er ausschließlich Versicherungsverträge vermittelt, für die nur vertragsspezifische Kenntnisse erforderlich sind;
(3) er keine Lebensversicherungs- oder Haftpflichtversicherungsverträge abschließt;
(4) die Versicherung ausschließlich eine Zusatzleistung zur Lieferung einer Ware oder Erbringung einer Dienstleistung darstellt und bestimmte produktbezogene Risiken abdeckt;
(5) die Jahresprämie 500 Euro nicht übersteigt und
(6) die Vertragsgesamtlaufzeit einschließlich etwaiger Verlängerungen fünf Jahre nicht übersteigt.

Diese Voraussetzungen werden beispielsweise von einem Reifenhändler erfüllt, der zu dem Reifenkauf eine Reifenversicherung anbietet oder einem Elektrohändler, der zu dem Produkt noch eine Garantie- und Reparaturversicherung anbietet.[180]

Zu den ausgenommenen Vermittlern gehören nach Nr. 2 auch solche Vermittler, die im Rahmen von Bausparverträgen „Versicherungen im Rahmen eines Kollektivvertrages vermitteln, die ausschließlich dazu bestimmt sind, die Rückzahlungsforderungen der Bausparkasse aus gewährten Darlehen abzusichern" sowie gemäß Nr. 3 solche, „die als Zusatzleistung zur Lieferung einer Ware oder der Erbringung einer Dienstleistung im Zusammenhang mit Darlehens- und Leasingverträgen Restschuldversicherungen vermitteln, deren Jahresprämie einen Betrag von 500 Euro nicht übersteigt".

Die unter Abs. 9 Nr. 1 fallenden Vermittler unterliegen auch nicht den Beratungs- und Dokumentationspflichten aus §§ 60 ff. VVG, § 66 VVG, wohl aber die Vermittler gemäß § 34 d Abs. 9 Nr. 2 und 3 GewO.

4. Informationen über den Vermittlerstatus

Im Rahmen der durch die Umsetzung der Versicherungsvermittlerrichtlinie in das deutsche Recht eingeführten Transparenzregelungen sind Versicherungsvermittler zukünftig angehalten, den Kunden über ihren genauen Vermittlerstatus

---

179 Dörner, in: Prölss/Martin, VVG, § 34 d GewO, Rn. 11.
180 BT-Drucks. 16/1935, S. 20, mit weiteren Beispielen.

und die Beziehungen zu den vertretenen Unternehmen zu informieren, § 11 VermVersV (Versicherungsvermittlungsverordnung)[181].

Die Information des Kunden umfasst auch die Angabe, ob der Vermittler in das Vermittlerregister nach § 34 d Abs. 7 GewO eingetragen ist und wie sich diese Eintragung durch den Kunden abrufen und überprüfen lässt.

Gemäß § 11 Abs. 1 Nr. 5 und 6 VersVermV ist der Kunde gesondert darüber zu informieren, wenn entweder der Vermittler Beteiligungen von über 10 % an einem Versicherungsunternehmen besitzt oder wenn ein solches bzw. ein mit einem solchen verbundenes Unternehmen Anteile in dieser Höhe an dem Vermittler hält.

Die Informationen nach der Versicherungsvermittlungsverordnung sind grundsätzlich schriftlich zu erteilen, wobei die Verordnung in § 11 Abs. 3 VersVermV auch die Möglichkeit der nachträglichen schriftlichen Information vorsieht.

VIII. Vertragsschluss nach dem VVG 2008

Vor allem das Aus für das Policenmodell bedeutete eine komplette Umstrukturierung des versicherungsrechtlichen Vertragsschlusses. Hier stehen den Versicherern nach neuem Recht im Wesentlichen folgende Wege des Vertragsschlusses zur Verfügung.

1. Invitatiomodell

Bei dem Vertragsschluss nach dem Invitatiomodell stellt der Versicherungsnehmer bei dem Versicherungsunternehmen unter Angabe der geforderten Informationen eine Anfrage nach einem Angebot über einen Versicherungsvertrag. Das Versicherungsunternehmen prüft die Angaben des potenziellen Versicherungsnehmers und lässt diesem dann ein Angebot zukommen, welches der Versicherungsnehmer annehmen oder ablehnen kann. Da die Angebotsanfrage noch keine auf einen Vertragsschluss gerichtete Willenserklärung darstellt, ist die Zurverfügungstellung der nach § 7 Abs. 1 VVG notwendigen Informationen zu diesem Zeitpunkt vom Gesetz auch noch nicht verlangt. Erst vor Annahme des durch den Versicherer unterbreiteten Angebots muss der Versicherungsnehmer ausreichend informiert sein. Das Versicherungsunternehmen kann also zusammen mit dem Angebot gleich die Versicherungspolice und die Allgemeinen

181 Verordnung über die Versicherungsvermittlung und -beratung vom 15. Mai 2007, BGBl. I 2007, S. 733, 1967.

Versicherungsbedingungen versenden, sodass das Invitatiomodell letztendlich einem modifizierten Policenmodell entspricht.[182]

2. Antragsmodell

Bei dem Antragsmodell stellt die Übersendung der notwendigen Angaben des Versicherungsnehmers an das Versicherungsunternehmen bereits ein Angebot dar, welches der Versicherer annehmen oder ablehnen kann. Mit Annahme durch den Versicherer kommt der Versicherungsvertrag zustande. Demzufolge müssen beim Antragsmodell dem Versicherungsnehmer bereits vor Unterzeichnung und Absendung des Vertragsangebotes die notwendigen Informationen vom Versicherungsunternehmen zur Verfügung gestellt werden.

IX. Erweiterte Beratungs- und Dokumentationspflichten

Mit Blick auf das die Reform des VVG dominierende Ziel eines verbesserten Verbraucherschutzes[183] wurden insbesondere die Regelungen betreffend die Informations-, Beratungs- und Dokumentationspflichten deutlich verschärft.

1. Grundsatz

Grundsätzlich ist der Versicherungsnehmer vor Vertragsschluss ausführlich zu beraten und die Beratung ist schriftlich zu dokumentieren. Die Wünsche und Bedürfnisse des Antragstellers sind zu erfragen. Bis zur Umsetzung der Vermittlerrichtlinie[184] kannte das VVG keinerlei Beratungspflichten gegenüber dem Versicherungsnehmer.

Aus § 6 Abs. 1 VVG n. F. in Verbindung mit § 61 Abs. 1 VVG n. F. ergibt sich nun, dass Versicherungsunternehmen und Versicherungsvertreter gegenüber dem Versicherungsnehmer betreffend die Erfüllung der Pflichten aus § 61 VVG als Gesamtschuldner im Sinne des § 421 BGB auftreten. Dies bedeutet, dass, wenn eine der beiden Parteien den Beratungs- und Dokumentationspflichten gegenüber dem Versicherungsnehmer nachkommt, die jeweils andere Partei hierdurch von der Verpflichtung frei wird. Ausgenommen hiervon sind die Fälle von Falschberatung durch einen der beiden Gesamtschuldner. Eine solche

---

182 Siehe zum Invitatiomodell Gaul, VersR 2007, 21 ff.; Langheid, NJW 2007, 3665 (3666).

183 Vgl. Begründung der Bundesregierung zum RegE, S. 1.

184 Richtlinie 2002/92/EG des Europäischen Parlaments und Rates vom 9. Dezember 2002 über Versicherungsvermittlung, ABl. Nr. L 0009 vom 15. Januar 2003, S. 3–10.

Falschberatung muss sich der andere Schuldner gemäß § 425 Abs. 1 BGB nicht zurechnen lassen.

Versicherungsmakler stehen dem Versicherungsnehmer nicht zusammen mit dem Versicherungsunternehmen als Gesamtschuldner gegenüber. Der Versicherungsmakler haftet dem Versicherungsnehmer ganz allein auf Erfüllung der verlangten Beratungs- und Dokumentationspflicht.[185] Dies ist die logische Konsequenz aus dem Umstand, dass der Makler allein im Lager des Versicherungsnehmers steht und gerade nicht als verlängerter Arm des Versicherers auftritt. Der Versicherungsmakler ist daher dazu verpflichtet, ausschließlich die Interessen des ihn beauftragenden Versicherungsnehmers zu wahren. Er ist verpflichtet, unter Berücksichtigung der Interessen des Versicherungsnehmers für diesen am Markt das geeignetste Produkt zu finden. Da es jedoch unmöglich ist, alle am Markt befindlichen Versicherungen zu kennen und zu analysieren, erfüllt der Makler seine Pflicht regelmäßig bereits dann, wenn er eine ausreichende Zahl an Vergleichsangeboten am Markt findet und anhand dieser seine Empfehlung trifft. Der Versicherungsvertreter hingegen, wird in erster Linie im Interesse der Versicherer tätig, mit denen er entsprechende Provisionsvereinbarungen geschlossen hat und geht daher mit dem Ziel an den Markt, möglichst viele Versicherungsnehmer nur von den Produkten seiner Produktpartner zu überzeugen. Gemäß § 60 Abs. 1 Satz 2 i. V. m. Abs. 2 VVG ist der Vertreter verpflichtet, dem Kunden offen zu legen, für welche Unternehmen er tätig ist. Anhand dieser Auskunft kann der Kunde erkennen, dass der Vertreter ihm auch nur Produkte dieser Unternehmen anbieten wird. Eine Suche nach und Empfehlung von Produkten anderer Anbieter kann von dem Vertreter richtigerweise nicht erwartet werden. Er hat vielmehr die Pflicht den Kunden anhand der von den Partnerunternehmen angebotenen Produkte optimal zu beraten.

Im Rahmen der ordnungsgemäßen Beratung müssen dem Versicherungsnehmer auch detaillierte Angaben zum Versicherungsunternehmen sowie eine übersichtliche Beschreibung der Leistungsmerkmale des Versicherungsprodukts ausgehändigt werden.

Ausnahmsweise ist der Versicherer jedoch nicht zur Beratung des Versicherungsnehmers verpflichtet, wenn der Vertragsschluss im Wege des Fernabsatzes nach § 312 b BGB erfolgt.

---

185 Weber, VersR 2007, 1153 (1154)

2. Verzicht auf die Beratung

Daneben hält das Versicherungsvertragsgesetz in § 6 Abs. 3 auch die Möglichkeit eines Beratungs- und Dokumentationsverzichtes durch den Versicherungsnehmer vor. Von dieser Möglichkeit soll nach Intention des Gesetzgebers jedoch nur gelegentlich Gebrauch gemacht werden.[186] Die Verwendung von Formular-Verzichten soll unzulässig sein.[187] Zur Wirksamkeit des Verzichts ist eine gesonderte schriftliche Erklärung erforderlich, in der dann auch darauf hinzuweisen ist, dass sich ein solcher Verzicht nachteilig auf etwaige Schadensersatzansprüche auswirken kann. Ungeklärt ist hierbei, ob der Verzicht auch auf einem eigenständigen Formular zu erklären ist.[188] Um dem Versicherungsnehmer den Vorgang besser bewusst zu machen und ihn stärker vor einer unüberlegten Unterschrift zu schützen, sollte der Verzicht auf einem separaten Dokument erklärt werden.

Das VVG gibt keinen Ablauf der Beratung und Dokumentation vor. Vielmehr ist der Versicherer bzw. die Personen, derer er sich zum Zwecke des Vertragsschlusses bedient, dazu verpflichtet, den Umfang der Beratung auf die jeweiligen konkreten Umstände anzupassen und auszurichten. So bedarf es im Falle eines Versicherungsnehmers, der aufgrund sprachlicher Schwierigkeiten die Versicherungsbedingungen nicht richtig lesen und verstehen kann, einer eingehenderen Beratung, als bei einem kundigen Versicherungsnehmer.

X. Informationspflichten

Sämtliche Informationspflichten des Versicherers sind seit dem 1. Januar 2008 in § 7 Abs. 1 VVG und der Informationspflichtenverordnung zum VVG[189] zusammen geführt und stark erweitert worden.[190] Durch die Zusammenführung der Informationspflichten hat der Gesetzgeber erreicht, dass die im alten Recht nur für den Fernabsatz von Versicherungsverträgen geltenden Vorschriften der Anlage zu § 48 b VVG a. F. nun auf alle Versicherungsverträge Anwendung

---

186 Angesichts der Mehrkosten, die die Beratungs- und Dokumentationspflichten sowohl für die Versicherungsunternehmen als auch die Versicherungsvermittler und -makler mit sich bringen, ist jedoch davon auszugehen, dass diese Personen viel daran setzen werden, zumindest den Dokumentationszwang im Regelfall dadurch abzuwenden, dass der Versicherungsnehmer dazu angehalten wird, eine Verzichtserklärung abzugeben.

187 Langheid, NJW 2007, 3665 (3665).

188 Siehe hierzu Gaul, VersR 2007, 21 (23).

189 BGBl. 2007 I, S. 3004.

190 Früher waren diese Pflichten in § 10 a VAG sowie in der Anlage zu § 48 b VVG a.F.

finden.[191] Somit ist bei den Informationspflichten – im Gegensatz zu den Beratungs- und Dokumentationspflichten – jegliche Differenzierung nach Vertriebswegen aufgegeben worden.

1. Informationsinhalt

Die meisten kundenschützenden Vorschriften der VVG-Reform finden ihre konkrete Ausgestaltung in der gemäß § 7 Abs. 2 VVG erlassenen Informationspflichtenverordnung (VVG-InfoV)[192].

Die VVG-InfoV gibt die dem Versicherungsnehmer vom Versicherer mitzuteilenden Informationen vor. Diese Informationspflichten beruhen weitgehend auf europarechtlichen Vorgaben.[193] Die in diesen Richtlinien genannten Informationspflichten waren bisher gesetzlich nicht einheitlich geregelt. Durch § 7 Abs. 2 VVG wurde nun erreicht, dass sämtliche Informationspflichten einheitlich erfasst sind und somit auf einem gemeinsamen zivilrechtlichen „Fundament"[194] stehen. Auf die Art und Weise des Zustandekommens des Versicherungsvertrages kommt es nicht mehr an. Diese Erweiterung der Informationspflichten erscheint durchaus sachgerecht, da die sonst vorgenommene unterschiedliche Wertung von Vertragsschlüssen, je nachdem, ob sie per Fernabsatz geschlossen wurden oder nicht, im Fall der Versicherungsverträge nicht angemessen erscheint.

Zu den Neuerungen gehören das von Wolfgang Römer ins Gespräch gebrachte[195] und vom Verordnungsgeber aufgegriffene Produktinformationsblatt (§ 4 VVG-InfoV), sowie weitergehende Informationen für Lebens- und Krankenversicherungen (§§ 2 und 3 VVG-InfoV), die sich gemäß §§ 2 Abs. 2 und 3 Abs. 3 VVG-InfoV unter anderem auch auf die konkrete Angabe von Abschluss- und laufenden Verwaltungskosten beziehen.

Der Aufbau der VVG-InfoV ist einfach und übersichtlich gehalten.

---

191 Ausgenommen von diesen Regelungen sind nach § 210 VVG lediglich Versicherungsverträge über Großrisiken.

192 Verordnung über Informationspflichten bei Versicherungsverträgen, BGBl. 2007 I, S. 3004.

193 Richtlinien 2002/83/EG über Lebensversicherungen vom 5. November 2002, ABl. EG Nr. L 345 S. 1 vom 19. Dezember 2002; die Dritte Richtlinie Schadenversicherung 92/49/EWG vom 18. Juni 1992, ABl. EG Nr. L 228 S. 1 vom 11. August 1992 sowie die Fernabsatzrichtlinie II 2002/65/EG vom 23. September 2002, ABl. EB Nr. L 271 S. 16 vom 9. Oktober 2002.

194 Präve, VersR 2008, 151, 151.

195 Vgl. Römer, VersR 2007, 618 ff.

In § 1 Abs. 1 VVG-InfoV werden nahezu sämtliche spartenübergreifende Informationspflichten, die bisher in VAG und VVG geregelt waren, nun erstmals zusammengefasst.

Den Versicherern wird freigestellt, in welcher Reihenfolge sie die Informationen an den Versicherungsnehmer weitergeben wollen. Somit kann jedes Unternehmen selbst entscheiden, ob den Aufklärungspflichten zukünftig mittels eines gesonderten Druckstückes nachgekommen werden oder ob eine Aufnahme in den Antrag bzw. die Allgemeinen Versicherungsbedingungen stattfinden soll.[196] Um jedoch vorzubeugen, dass der Versicherungsnehmer durch eine Vielzahl unterschiedlich gestalteter und gewichteter Vertragsunterlagen beim Vergleich der verschiedenen Angebote unnötig verwirrt wird, hat der Verordnungsgeber in § 4 VVG-InfoV vorgeschrieben, dass ebenfalls vor Vertragsschluss ein Produktinformationsblatt ausgehändigt wird. Die Darstellung der Informationen in dem Produktblatt ist zur Erleichterung des Vergleichs vorgeschrieben.

Die §§ 2 und 3 VVG-InfoV regeln die über die allgemeinen Informationspflichten hinausgehenden speziellen Pflichten bei bestimmten Versicherungsverträgen.

(a) Besondere Informationen gemäß § 2 VVG-InfoV

Über den Umfang betreffend die spartenübergreifenden Informationspflichten hinaus sind sowohl für die Lebensversicherung als auch für die Unfallversicherung mit Prämienrückgewähr[197] weitreichende Informationen an den Versicherungsnehmer vor Abschluss des Versicherungsvertrages zu erteilen. Insbesondere sind hier die Berechnungsgrundsätze und Maßstäbe für die Überschussermittlung und -beteiligung sowie die Rückkaufswerte anzugeben. Ferner sind Angaben über die prämienfreie Versicherung, Fonds und die Steuerregelungen zu machen.

In der Lebensversicherung sind darüber hinaus gemäß § 2 Abs. 1 Nr. 1 und 2 und Abs. 2 VVG-InfoV Angaben über die in die Prämie einkalkulierten Kosten sowie zu möglichen sonstigen Kosten in Euro zu machen. Hierzu zählen

---

196 Präve, VersR 2008, 151, 152.

197 Bei dieser Versicherungsart handelt es sich um eine Lebensversicherung mit Elementen aus der Unfallversicherung. Die Entscheidung des Gesetzgebers, die für die Lebensversicherung durch die EG-Schadensversicherungsrichtlinie festgelegten weiterführenden Informationspflichten auch auf die Versicherungsart der Unfallversicherung mit Prämienrückgewähr auszudehnen, erscheint daher logisch und in der Sache konsequent; so auch Präve, VersR 2008, 151, 156.

Abschluss- und Vertriebskosten sowie sonstige Kosten. Auch wenn durch diese Regelung, im Gegensatz zu dem ersten Entwurf der VVG-InfoV, nun klargestellt ist, dass eine Offenlegung der in Folge des Vertragsschlusses gewährten Provision nicht zu erfolgen hat, so wirft doch auch die neue Formulierung Fragen auf.

Da die Berufsunfähigkeitsversicherung aufgrund ihrer Struktur zur Lebensversicherung gezählt wird, ist es nur folgerichtig, dass die besonderen Informationspflichten für Lebensversicherungen auch auf Verträge über Berufsunfähigkeitsversicherungen Anwendung finden. Dies hat der Verordnungsgeber auch in § 2 Abs. 4 Satz 1 VVG-InfoV ausdrücklich klargestellt. Darüber hinaus wird dem Versicherer in § 2 Abs. 4 Satz 2 VVG-InfoV aufgegeben, den Versicherungsnehmer über Abweichungen zwischen der privaten Berufsunfähigkeitsversicherung und der Krankentagegeldversicherung bzw. der gesetzlichen Erwerbsminderungsabsicherung aufzuklären. Hintergrund dieser Regelung sind Missverständnisse, die sich andernfalls einstellen können, wenn sich etwa aufgrund unterschiedlicher Ausgestaltungen zwischen einer Berufsunfähigkeits- und einer Krankentagegeldversicherung Versicherungslücken ergeben.[198]

(b) Besondere Informationen gemäß § 3 VVG-InfoV

Auch im Hinblick auf private Krankenversicherungsverträge sieht die VVG-InfoV in § 3 besondere Informationspflichten vor.

Wie bei der Lebensversicherung sind die Versicherungsnehmer gemäß § 3 Abs. 1 Nr. 1 und 2 und Abs. 2 VVG-InfoV auch bei Abschluss einer privaten Krankenversicherung über die mit dem Abschluss verbundenen und in die Prämie einkalkulierten Kosten sowie sonstige Kosten in Euro aufzuklären.

Weiterhin ist der Versicherungsnehmer über die zukünftige Beitragsentwicklung aufzuklären[199] und es sind Hinweise zur Beitragsbegrenzung und zur eingeschränkten Wechselmöglichkeit im Alter zu geben[200]. Schließlich muss der Versicherer gemäß § 3 Abs. 1 Nr. 7 und Abs. 2 VVG-InfoV anhand von Eurobeträgen eine Übersicht über die Beitragsentwicklung in der Vergangenheit an den Versicherungsnehmer aushändigen. Aus dieser Übersicht muss der monatliche Beitrag ersichtlich sein, der aufzubringen gewesen wäre, wenn der Vertrag zehn Jahre früher von einer Person desselben Geschlechtes im Alter von 35 Jahren geschlossen worden wäre. Für den Fall, dass der entsprechende Tarif noch keine zehn Jahre lang vorhanden ist, so ist hierauf gesondert hinzuweisen.

---

198 Präve, VersR 2008, 151, 156.
199 § 3 Abs. 1 Nr. 3 InfoV.
200 § 3 Abs. 1 Nr. 4 InfoV.

Gemäß § 3 Abs. 1 Nr. 5 VVG-InfoV muss der Versicherungsnehmer darüber aufgeklärt werden, dass ein Wechsel von einer privaten in die gesetzliche Krankenkasse im fortgeschrittenen Alter regelmäßig ausgeschlossen ist.

(c) Produktinformationsblatt gemäß § 4 VVG-InfoV

Zu den grundsätzlichen Neuerungen durch die VVG-InfoV gehört das von Römer ins Gespräch gebrachte[201] und vom Verordnungsgeber aufgegriffene und umgesetzte Produktinformationsblatt in § 4 VVG-InfoV. Im Unterschied zu den anderen Informationspflichten der InfoV handelt es sich bei diesem Produktinformationsblatt um einen Weg der Informationsverbreitung, der gemäß § 4 Abs. 1 VVG-InfoV nur dann beschritten werden muss, wenn der Versicherungsnehmer ein Verbraucher ist. Gemäß § 4 Abs. 5 Satz 2 VVG-InfoV ist es Sinn und Zweck dieses Informationsblattes, dem Verbraucher auf einem gesonderten Druckstück die für seine Vertragsentscheidung wesentlichen Informationen übersichtlich und knapp zusammenzufassen. Hierbei ist gemäß § 4 Abs. 5 Satz 3 VVG-InfoV von den Versicherungsunternehmen die in der VVG-InfoV vorgegebene Reihenfolge der Informationen einzuhalten. Darüber hinaus sind die Versicherungsunternehmen nach § 4 Abs. 3 VVG-InfoV angehalten bei Lebensversicherungen auf die Modellrechnung gemäß § 154 VVG hinzuweisen. Produktinformationsblätter, die Auskunft über Lebens- oder Krankenversicherungsverträge geben, müssen schließlich laut § 4 Abs. 4 VVG-InfoV die Angaben zu den Abschluss-, Vertriebs- und sonstigen Kosten gemäß § 2 Abs. 1 Nr. 1 und 2 und § 3 Abs. 1 Nr. 1 und 2 VVG-InfoV enthalten. Das Produktinformationsblatt soll dem Versicherungsnehmer helfen, die umfangreichen Vertragsunterlagen zu verstehen und die wesentlichen Produktdetails zu erkennen. Außerdem wird auf diesem Weg erreicht, dass trotz unterschiedlich gestalteter und strukturierter Vertragsunterlagen ein Vergleich der verschiedenen Angebote möglich ist. Im Grunde stellt das Produktinformationsblatt dadurch das stärkste verbraucherschützende Element der VVG-Reform dar. Mit Hilfe dieser Information kann der Verbraucher zum einen selbstständig einen Vergleich der Produkte durchführen. Zum anderen kann er das Produktinformations-blatt auch im Beratungsgespräch verwenden und so entweder konkrete Fragen stellen oder auch überprüfen, ob der Vermittler oder Makler tatsächlich alle wesentlichen Punkte des Versicherungsvertrages erläutert hat. So gesehen, kann der Verbraucher mit Hilfe des Produktinformationsblattes auch die Qualität der Beratung messen.

201 Vgl. Römer, VersR 2007, 618, 619.

(d) Informationspflichten bei Vertragsschluss per Telefon

§ 5 VVG-InfoV normiert schließlich die Informationspflichten bei Vertragsschlüssen per Telefon. Die Vorschrift soll den Besonderheiten bei dieser Form des Vertragsschlusses und unter dem Gesichtspunkt des Kundenschutzes für einen angemessenen Interessenausgleich sorgen.[202] Denn obwohl am Telefon nicht dieselben Leistungen erbracht werden können, wie bei einem persönlichen Kontakt, soll der Versicherungsnehmer dem Versicherer trotzdem nicht ausgeliefert sein.[203] Aus diesem Grund sind auch bei einem telefonischen Vertragsschluss gemäß § 5 Abs. 2 VVG-InfoV Informationspflichten, wenn auch in einem leicht verringerten Rahmen, zu erbringen. Gemäß § 5 Abs. 1 VVG-InfoV hat der Versicherer gleich zu Beginn des Telefonats seine Identität offen zu legen. Auch wenn § 5 VVG-InfoV keine Einschränkung trifft, in welchem Vertragsstadium das Gespräch geführt wird, so kann die Vorschrift im Lichte der Ermächtigungsgrundlage, § 7 Abs. 1 S. 1 VVG, nur dahin gehend verstanden werden, dass Gespräche vor Vertragsschluss gemeint sind.[204]

Neben den im Fall eines Vertragsschlusses nach § 5 Abs. 2 VVG-InfoV zu erteilenden Informationen ist der Versicherer auch dazu verpflichtet, dem Versicherungsnehmer weitere Informationen anzubieten und kurz zu skizzieren, um welche Informationen es sich hierbei handelt. Gemäß § 5 Abs. 2 S. 2 VVG-InfoV kann der Versicherungsnehmer daraufhin auf die Mitteilung weiterer Informationen verzichten. Welche weiteren Informationen zu erteilen sind, sagt § 5 Abs. 2 VVG-InfoV nicht aus. Dies ist auch nicht notwendig, da sich der Umfang dieser Informationen aus Art. 3 Abs. 3 Richtlinie 2002/65/EG ergibt.[205]

(e) Informationspflichten während der Vertragslaufzeit

§ 6 VVG-InfoV legt fest, welche Informationen dem Versicherungsnehmer vom Versicherer während der Vertragslaufzeit zur Verfügung gestellt werden müssen. Hierbei handelt es sich vorwiegend um Informationen, die den Leistungsumfang oder die Leistungsbedingungen des Versicherungsvertrages betreffen und

---

202 Baroch Castellvi, in: Rüffer/Halbach/Schimikowski, VVG-Kommentar, § 5 VVG-InfoV, Rn. 1.

203 Baroch Castellvi, in: Rüffer/Halbach/Schimikowski, VVG-Kommentar, § 5 VVG-InfoV, Rn. 1.

204 Baroch Castellvi, in: Rüffer/Halbach/Schimikowski, VVG-Kommentar, § 5 VVG-InfoV, Rn. 2.

205 Baroch Castellvi, in: Rüffer/Halbach/Schimikowski, VVG-Kommentar, § 5 VVG-InfoV, Rn. 12.

um solche Angaben, die für die Kommunikation zwischen den Vertragspartnern wesentlich sind.

2. Informationszeitpunkt

§ 7 Abs. 1 VVG sagt aus, dass „der Versicherer [...] dem Versicherungsnehmer rechtzeitig *vor* Abgabe von dessen Vertragserklärung seine Vertragsbestimmungen einschließlich der Allgemeinen Versicherungsbedingungen sowie die in einer Rechtsverordnung nach Absatz 2 bestimmten Informationen in Textform mitzuteilen [hat].“[206] Dieser rechtzeitigen Informationsausgabe an den Versicherungsnehmer kommt für die zukünftige Vertragspraxis höchste Priorität zu.[207] Eine Verletzung der Informationspflichten hat zur Folge, dass die Widerrufsfrist für den Versicherungsnehmer gemäß § 8 Abs. 2 Satz 1 Nr. 1 VVG nicht zu laufen beginnt. Eine weitere erhebliche Unsicherheit auf Seiten der Versicherer besteht darin, dass nicht näher definiert ist, welche Zeitspanne konkret als „rechtzeitig“ anzusehen ist. Erreicht die Information den Versicherungsnehmer bereits dann rechtzeitig, wenn er diese kurz vor Vertragsunterzeichnung durch das Versicherungsunternehmen beziehungsweise seine Kontaktperson vorgelegt bekommt oder ist es vielmehr erforderlich, dass er sogar mehrere Tage Zeit haben muss, die Informationen zur Kenntnis zu nehmen und zu verarbeiten?[208] Auch hier bleibt gespannt abzuwarten, wie die Gerichte entscheiden werden. In Anbetracht dessen, dass der durchschnittliche Versicherungsnehmer wenig Erfahrung mit dem Abschluss von Versicherungsverträgen hat und die Vertragswerke sehr umfangreich sind, ist ein kurzfristiges Zurverfügungstellen der Informationen wenige Tage vor Vertragsschluss nicht ausreichend, um die gesetzgeberischen Intentionen umzusetzen. Der Umfang der von den Versicherungsunternehmen zu erteilenden Informationen ist inzwischen so erheblich geworden, dass ein durchschnittlicher Versicherungsnehmer mehrere Tage benötigen wird, um die ihm gegebenen Informationen zu lesen und zu verstehen. In Anlehnung an § 17 Abs. 2a Nr. 2 Beurkundungsgesetz[209], der vorschreibt, dass ein Immobilienkaufvertrag zwischen einem Unternehmer und einem Verbraucher dem Verbraucher in der Regel zwei Wochen vor Beurkundung vorliegen soll, sollte diese zwei Wochen Frist auch für das Vorliegen von Informationen im Rahmen eines

206 Hervorhebung durch den Verfasser.

207 Langheid, NJW 2007, 3665 (3666).

208 Siehe auch Gaul, VersR 2007, 21.

209 Beurkundungsgesetz vom 28. August 1969, BGBl. I S. 1513, zuletzt geändert durch Artikel 11 Absatz 14 des Gesetzes vom 18. Juli 2017, BGBl. I S. 2745.

Versicherungsvertragsabschlusses gelten. Beide Rechtsgeschäfte, der Erwerb einer Immobilie und der Abschluss eines Versicherungsvertrages sind von ihrer Tragweite und Bedeutung für den Verbraucher durchaus vergleichbar.

Neben dem zumindest stark verlängerten Widerrufsrecht besteht für die Versicherungsunternehmen die Gefahr von Schadensersatzansprüchen auf Seiten der Versicherungsnehmer. Letztendlich können sich auch aufsichtsrechtliche Konsequenzen ergeben.

XI. Widerrufsrecht

Seit der Reform des Versicherungsvertragsrechts sind die unterschiedlichen Lösungsmöglichkeiten vom Vertrag zugunsten eines einheitlichen, an den Vorgaben der Fernabsatzrichtlinie orientierten Widerrufsrechtes in § 8 VVG aufgegeben worden. Bei diesem Widerrufsrecht wird nicht zwischen den unterschiedlichen Personengruppen der Versicherungsnehmer differenziert. Auch juristischen Personen steht das Widerrufsrecht zu.[210] Auch eine Begründung zur Ausübung des Widerrufsrechts ist nicht erforderlich.

Anders als die meisten anderen Widerrufsrechte verweist das Widerrufsrecht gemäß § 8 VVG nicht auf das allgemeine Widerrufsrecht des § 355 BGB und dessen Rechtsfolgen, sondern es statuiert ein völlig eigenständiges Widerrufsrecht, dessen Rechtsfolgen in § 9 VVG geregelt sind.

Abgesehen von den in § 8 Abs. 3 VVG normierten und abschließend aufgeführten Ausnahmen kann grundsätzlich jeder Versicherungsvertrag nach § 8 Abs. 1 Satz 1 VVG binnen zwei Wochen, bei Lebensversicherungen aufgrund ihrer weiter reichenden Folgen[211] gemäß § 152 Abs. 1 VVG binnen 30 Tagen, widerrufen werden. Zudem hat der Gesetzgeber durch diese Vorschrift auch Art. 6 Abs. 1 Satz 2 Fernabsatzrichtlinie II ausreichend Rechnung getragen.[212]

Gemäß § 8 Abs. 2 VVG beginnt die Widerrufsfrist erst zu laufen, wenn dem Versicherungsnehmer der Versicherungsschein sowie alle erforderlichen Vertragsbestimmungen, einschließlich der zu erteilenden Informationen, zugegangen sind. Weiterhin ist der Versicherungsnehmer ordnungsgemäß über sein Widerrufsrecht und die Rechtsfolgen des Widerrufes zu belehren. Werden diese Voraussetzungen nicht erfüllt, so beginnt die Widerrufsfrist für den Versicherungsnehmer grundsätzlich nicht zu laufen, mit der Folge, dass diesem ein unbefristetes Widerrufsrecht zusteht. Es ist jedoch anzunehmen, dass auch

210 Meixner/Steinbeck, Das neue Versicherungsvertragsrecht, S. 27.

211 Ortmann, in Schwintowski/Brömmelmeyer, PK-VersR, § 152 VVG, Rn. 3.

212 Ortmann, in Schwintowski/Brömmelmeyer, PK-VersR, § 152 VVG, Rn. 3.

ein grundsätzlich unbefristetes Widerrufsrecht spätestens dann als verfristet zu betrachten ist, wenn ein rechtsmissbräuchliches Verhalten des Versicherungsnehmers festgemacht werden kann. Ein solcher Versicherungsnehmer ist nicht mehr schutzwürdig und sollte sich auch nicht mehr auf ein Widerrufsrecht stützen dürfen. Wann Rechtsmissbräuchlichkeit in diesem Sinn vorliegt, wird die Rechtsprechung zu entscheiden haben. Der Gesetzgeber schweigt hierzu.

Die fehlende Verweisung auf § 355 BGB in § 8 VVG hat zur Folge, dass die Rechtsfolgen aus § 355 BGB beim Versicherungsvertrag auch nicht zur Anwendung kommen. Dies folgt aus dem Umkehrschluss aus § 355 Abs. 1 Satz 1 BGB. Folgerichtig sind in § 9 VVG und für die Lebensversicherung in § 152 Abs. 2 VVG eigene Widerrufsfolgeregelungen normiert. Lediglich in den Fällen, in denen der Versicherungsnehmer den Versicherungsvertrag widerruft, bevor der Versicherer seine Leistung ganz oder teilweise erbracht hat, kann eine analoge Anwendung der §§ 357, 346, 312d Abs. 4 BGB in Betracht kommen, da das VVG für diese Fälle keine eigenen Regelungen vorhält.

Die Widerrufsregelungen der §§ 9, 152 Abs. 2 VVG stellen im Grunde die Umsetzung und Ausweitung der durch Art. 7 Fernabsatzrichtlinie für Finanzdienstleistungen verbindlich vorgegebenen Regelungen dar. Der Gesetzgeber geht jedoch über den Anwendungsbereich der Richtlinie hinaus, indem er die Regelungen nicht nur auf Fernabsatzverträge, sondern ganz im Sinne der verfolgten Rechtsvereinheitlichung grundsätzlich auf sämtliche Versicherungsverträge ausdehnt.[213]

Das VVG unterscheidet bei den Rechtsfolgen grundsätzlich danach, ob der Versicherungsnehmer ordnungsgemäß über sein Widerrufsrecht von dem Versicherer aufgeklärt wurde oder nicht. Im ersten Fall hat der Versicherer nur diejenigen Prämien zu erstatten, die er nach Zugang der Widerrufserklärung erhalten hat. Hinzukommen muss gemäß § 9 Satz 1 VVG, dass der Versicherungsnehmer in Kenntnis dieser Umstände zugestimmt hat, dass der Versicherungsschutz bereits vor Ablauf der Widerrufsfrist greifen soll. Für die Lebensversicherung gilt in diesem Fall § 152 Abs. 2 Satz 1 VVG mit der Maßgabe, dass der Versicherer den Rückkaufswert einschließlich der Überschussanteile herauszugeben hat.

Bei unterbliebener Belehrung hat der Versicherer gemäß § 9 Satz 2 VVG grundsätzlich die Prämie für das erste Versicherungsjahr zu erstatten, soweit der Versicherungsschutz nicht in Anspruch genommen wurde. Nach § 152 Abs. 2 Satz 2 VVG hat der Lebensversicherer dem Versicherungsnehmer bei

213 RegE BT-Drucks. 16/3945 S. 59, 61; Wandt, Versicherungsrecht, S. 118; Ebers, in: Schwintowski/Brömmelmeyer, PK-VersR, § 9 VVG, Rn. 5.

unterbliebener Belehrung den Rückkaufswert einschließlich der Überschussanteile oder, wenn dies für den Versicherungsnehmer günstiger ist, die Prämien für das erste Versicherungsjahr herauszugeben.

XII. Transparenzprobleme der VVG-InfoV

Der gegen die von Gesetz- und Verordnungsgeber getroffenen Regelungen erhobene Vorwurf, dass diese im Hinblick auf das angestrebte Ziel eines verbesserten Verbraucherschutzes noch nicht weitreichend genug seien, ist durchaus nachvollziehbar.[214] So sind zunächst die Regelungen betreffend die Kostenoffenlegung nicht eindeutig und führen in der praktischen Umsetzung doch wieder zu Transparenzproblemen. Auch wird der Versicherungsnehmer nach wie vor nicht über die, mit der Kapitalanlage verbundenen Kosten aufgeklärt, die zwar nicht direkt in die Prämie einkalkuliert sind, aber dennoch erhebliche Auswirkungen auf das wirtschaftliche Ergebnis von Versicherungsprodukten haben können.[215] Dies hat zur Folge, dass sich der Versicherungsnehmer zukünftig in einer trügerischen Sicherheit wähnt. Insbesondere die mediale Berichterstattung über die VVG-Reform hat teilweise sehr stark den Eindruck erweckt, dass der Versicherungsnehmer zukünftig gut aufgeklärt werde. Dies wiederum hat zur Folge, dass bei den Versicherungsnehmern der Eindruck entstehen kann, dass eine über die Beratung hinausgehende Informationssuche entbehrlich ist, was jedoch gerade nicht der Fall ist. Nach wie vor bleibt es für eine optimale Produktauswahl unerlässlich, dass sich auch der Versicherungsnehmer unabhängig von dem Beratungsgespräch über seine Bedürfnisse und Ziele Gedanken macht und vor einer Kontaktaufnahme mit einem Versicherer eine gewisse Vorauswahl dessen trifft, was für ihn notwendig und gut ist.

1. Offenlegung der einkalkulierten Kosten

Der Versicherer ist von der VVG-InfoV angehalten, die in die jeweilige Prämie einkalkulierten Kosten dem Versicherungsnehmer offen zu legen. Der Verbraucher soll erfahren, welchen Betrag er effektiv als in den Prämien enthaltenen Kostenanteil an den Versicherer zahlen muss. Der Versicherungsnehmer erfährt durch diese Regelung jedoch gerade nicht, welche Kosten konkret mit seinem Vertrag verbunden sind. Er erfährt lediglich, mit welchem Kostenanteil der Versicherer bei der Policierung des Vertrages statistisch gerechnet hat.[216] Ob dieser

---

214 Ortmann, VuR 2008, 256 ff.
215 Ortmann, VuR 2008, 256, 259 ff.
216 Schwintowski, VuR 2008, 250, 252.

Betrag tatsächlich ausreichend ist, die Kosten des Vertrages zu decken oder nicht, bleibt weiterhin unklar. Es bleibt dem Versicherungsnehmer einzig die Gewissheit, dass der Versicherer nach Vertragsschluss nicht mit höheren Kostenforderungen an ihn herantreten kann.[217] Eine Nachzahlungspflicht entsteht für den Versicherungsnehmer nicht.

Ob die vom Versicherer veranschlagten Kosten jedoch möglicherweise viel zu hoch angesetzt sind oder ob es sich um sehr knapp kalkulierte Kosten handelt, die unter Umständen nicht einmal die tatsächlichen Kosten des Versicherers abdecken – um etwa ein konkurrenzlos günstiges Produkt anbieten zu können – wird dem Versicherungsnehmer nicht offenbart. Sollte ein Versicherer aus Konkurrenz- oder Marketinggründen dauerhaft mit zu niedrig gewählten Kosten kalkulieren, so kann sich eine daraus resultierende wirtschaftliche Schieflage durchaus negativ auf den Versicherungsnehmer auswirken. Während früher sowohl die Prämienhöhe der wichtigsten Versicherungen als auch die Ausgestaltung der AVB aufsichtsrechtlich kontrolliert wurden, um genau solch einem ruinösen Preiswettbewerb unter den Anbietern entgegen zu wirken und Kontrolle über die Ausgestaltung der Versicherungsprodukte auszuüben, so ist diese Aufsicht aufgrund Gemeinschaftsdrucks zum 29. Juli 1994 aufgegeben worden.[218] Grund für diesen als „Tariffreigabe" bekannt geworden Vorgang war, dass die Prämienkontrolle als Wettbewerbsbeschränkung kritisiert und für überhöhte Prämien verantwortlich gemacht wurde.[219]

Die einzig verlässliche Größe ist die Deckelung der vom Versicherer zu veranschlagenden Abschlusskosten. Diese dürfen die jeweils in § 4 Deckungsrückstellungsverordnung[220] genannten und an der Gesamtprämienleistung des Kunden orientierten Höchstwerte nicht überschreiten. Diese Höchstgrenze galt jedoch bereits vor der VVG-Reform.

Die vom Verordnungsgeber angestrebte Transparenz kann nur dann gewährleistet werden, wenn dem Versicherungsnehmer sämtliche realen Kosten genau aufgelistet werden. Aus dieser Auflistung müssten auch die aus dem Versicherungsvertrag resultierenden Provisionszahlungen hervorgehen.[221]

Wenn das Versicherungsunternehmen schon verpflichtet wird, die mit dem Abschluss des Vertrages anfallenden Kosten offen zu legen, dann muss die

---

217 Schwintowski, VuR 2008, 250, 252.

218 Wandt, Versicherungsrecht, S. 40 f., 48 f.

219 Finsinger, Verbraucherschutz, S. 191; Emmerich, Kartellrecht, S. 337 f.

220 Deckungsrückstellungsverordnung vom 6. Mai 1996, BGBl. 1996 I, S. 670, in der jeweils gültigen Fassung.

221 Schwintowski, VuR 2008, 250, 252.

Verpflichtung logischerweise auch soweit gehen, dass alle tatsächlich anfallenden Kosten mit dem zu zahlenden Betrag abgedeckt werden und dass es sich hierbei auch tatsächlich um die real anfallenden Kosten handelt. Ein solches Prozedere ist in der Realität jedoch nicht durchführbar. Die Versicherungsunternehmen setzten gerade deshalb pauschalierte Kostenbeträge an, da eine exakte Abrechnung in der Regel gar nicht möglich ist. Zu unterschiedlich sind die verschiedenen zu versichernden Risiken. Zudem muss man zu dem Schluss kommen, dass zu Beginn des Versicherungsvertrages anfallende Kosten nicht allein ausschlaggebend für den späteren Renditeerfolg oder eine gewisse von der Versicherung zugesagte Leistung sind.

2. Nicht ausgewiesene Anlagekosten

Die Regelungen der InfoV weisen jedoch noch einen weiteren gravierenden Denkfehler auf, den Mark Ortmann[222] ausführlich herausgearbeitet hat. Auch wenn sich der Gesetzgeber publikumswirksam auf die Fahne geschrieben hat, „dass nach der gesetzlichen Regelung [...] deshalb alle für den konkret angebotenen Vertrag entstehenden Kosten im einzelnen auszugeben [sind]“[223], so hat er genau dieses Ziel mit den gewählten Regelungen verfehlt. Dem Versicherungsnehmer wird mit den getroffenen Regelungen eine ganz wesentliche Information vorenthalten, die jedoch für die spätere Entwicklung der Versicherung von enormer Bedeutung ist. Dem Versicherungsnehmer sind getreu dem Wortlaut der VVG-InfoV keinerlei Angaben über die Anlagekosten zu machen, obwohl diese Kosten unweigerlich anfallen. Die genaue Art der Anlagekosten ist so unterschiedlich wie die Versicherungsprodukte selbst. Doch egal wie ein Versicherungsprodukt ausgestaltet ist, so fallen bei der Anlage des Vermögens der versicherten Personen dennoch verschiedenartigste Kosten an. Diese können beispielsweise in Form von Personalkosten für eigens beschäftigte Mitarbeiter oder als Ausgabeaufschlag sowie laufende Managementkosten bei extern erworbenen Fondsprodukten entstehen. Angaben über die Höhe dieser Kosten sind dem Versicherungsnehmer expressis verbis nicht zu machen. Auch lässt der Wortlaut der VVG-InfoV nicht zu, dass diese Anlagekosten unter „sonstige Kosten“ zu fassen sind, da eine Angabe in Eurobeträgen nicht möglich ist. Es ist schlichtweg nicht vorhersehbar, wie hoch die Anlagekosten sein werden. Genau aus diesem Grund werden die Ausgabeaufschläge und Managementgebühren auch in Prozentangaben offen gelegt. Zudem sind diese Kosten nicht mit in die

---

222 Ortmann, VuR 2008, 256 ff.

223 Begr. der VVG-InfoV, S. 8, abgedruckt in: VersR 2008, 186.

Prämie eingerechnet und auch schon deshalb nicht vor Vertragsschluss offen zu legen.

Zu dem soeben Gesagten kommt erschwerend hinzu, dass dem Versicherungsnehmer die Anlagekosten auch nicht mittels der mitzuteilenden Überschussbeteiligung ausgewiesen werden können. Die bei der Anlage von Geld entstehenden Kosten werden von dem Gesamtvermögen direkt einbehalten. Erst nach Abzug der Anlagekosten wird die Rendite bestimmt, anhand derer sich auch der mit dem Versicherungsvermögen erwirtschaftete Überschuss und somit die an den Versicherungsnehmer weiterzuleitende Überschussbeteiligung errechnen lässt. Der Versicherungsnehmer erfährt somit nicht, welche Rendite mit geringeren Anlagekosten hätte erwirtschaftet werden können. Durch den Zinseszins-Effekt können sich bei augenscheinlich nur geringen prozentualen Unterschieden bei den Anlagekosten am Ende einer langen Versicherungsvertragslaufzeit erhebliche Unterschiede im Endergebnis ergeben. Je nach Anlagebetrag können bei niedrigeren Anlagekosten innerhalb kürzester Zeit auch erhebliche Unterschiede bei den Abschluss- und jährlichen Verwaltungskosten eines Versicherungsvertrages wettgemacht werden. Hierauf ist der Versicherungsnehmer jedoch nicht hinzuweisen.

Die Versicherungsnehmer haben keine Chance, diese Anlagekosten selbstständig zu reduzieren. Hierfür müssten sie sämtliche Anlageprodukte, die mit ihren Prämienzahlungen erworben werden, im Überblick und häufig auch Einblick in interne Verrechnungs- und Gebührenprozesse haben. Dies ist offensichtlich unmöglich.

Auch mittels der vor Vertragsschluss überlassenen Informationen über das Versicherungsprodukt wird sich der Versicherungsnehmer von dieser Problematik in ihrem ganzen Ausmaß kein Bild machen können. Selbst wenn auf die prozentualen Anlagekosten hingewiesen wird, so macht die Komplexität des gesamten Versicherungskonstrukts es letztlich unmöglich, ohne professionelle Hilfe einen objektiven Vergleich zu bilden.

Um jedoch der gesetzgeberischen Intention und den Vorgaben des Bundesverfassungsgerichts gerecht zu werden ist eine solch umfassende Aufklärung des Versicherungsnehmers unumgänglich, wenngleich in der Praxis nicht ohne einen erheblichen Mehraufwand und damit verbundene Kostensteigerung durchführbar. Aus diesem Grund erscheint es für den Versichertenschutz wenig hilfreich, den Versicherungsnehmer durch die zwingende Angabe einiger Kosten in einer trügerischen Sicherheit zu wiegen. Vielmehr sollte der Versicherungsnehmer darauf hingewiesen werden, dass eine vollständige Kostenaufsplittung vor Vertragsende oftmals nicht möglich ist.

Das so entstandene neue VVG bringt für sämtliche Marktteilnehmer erhebliche Veränderungen mit sich und lässt – bildlich gesprochen – kaum einen Stein auf dem anderen bestehen.[224]

XIII. Zwischenfazit

Die Analyse der VVG-Reform rückt einmal mehr ein altbekanntes Problem in den Blickpunkt des Betrachters, nämlich die Frage, wie auf den Kapitalmärkten Informationsgleichheit zwischen Anbietern und Kunden geschaffen werden kann. Obwohl sich sowohl der nationale als auch der unionsrechtliche Gesetzgeber und die Literatur mit dem Thema der Informationsasymmetrien auf den Finanzmärkten seit langem beschäftigen, so fehlt es nach wie vor an einem einheitlichen, auf die aktuellen Lebensbedürfnisse der Menschen angepassten Schutzkonzept. Vielmehr sehen sich sowohl Kunden als auch Anbieter einer Vielzahl unterschiedlicher Regelungen gegenüber, die es nahezu unmöglich macht, sich ohne aufwendige und kostenintensive Informationsbeschaffung oder professionelle Hilfe am Markt zurechtzufinden.

224 Franz, VersR 2008, 298 (298).

G. Kundenschutz bei Finanzprodukten

I. Instrumente des Kundenschutzes

Wie bereits anhand der Versicherungsdienstleistungen aufgezeigt, haben sich der europäische und der nationale Gesetzgeber mehrere Maßnahmen ausgedacht, um den Kunden bei Finanzdienstleistungen zu schützen:

- gesetzliche Informationspflichten
- Aufklärungspflichten
- Widerrufsrechte
- Beratungs- und Dokumentationspflichten

Im Folgenden wird dargestellt werden, wie diese Schutzmaßnahmen, bei den verschiedenen Finanzdienstleistungen, Anwendung finden und ausgestaltet sind.

II. Neuere Gesetzgebungsakte

Sowohl die Finanzmarktkrise als auch die umfassenden europarechtlichen Vorgaben haben den deutschen Gesetzgeber neben der Reform des Versicherungsvertragsrechts auch dazu veranlasst bzw. verpflichtet, in der jüngeren Vergangenheit zahlreiche neue Regelungen betreffend das Recht der Finanzdienstleistungen zu erlassen. Namentlich sind hiermit im Wesentlichen das Gesetz zur Umsetzung der Richtlinie über Märkte für Finanzinstrumente und der Durchführungsrichtlinie der Kommission, das Finanzmarktrichtlinie-Umsetzungsgesetz (FRUG) vom 16. Juli 2007[225], das Gesetz zur Neuregelung der Rechtsverhältnisse bei Schuldverschreibungen aus Gesamtemissionen und zur verbesserten Durchsetzbarkeit von Ansprüchen von Anlegern aus Falschberatung (Schuldverschreibungsgesetz/SchVG) vom 31. Juli 2009[226] sowie das Gesetz zur Umsetzung der Verbraucherkreditrichtlinie, des zivilrechtlichen Teils der Zahlungsdiensterichtlinie sowie zur Neuordnung der Vorschriften über das Widerrufs- und Rückgaberecht (Umsetzungsgesetz) vom 29. Juli 2009[227] angesprochen. Während das FRUG und das Umsetzungsgesetz, wie bereits eingangs skizziert, der Umsetzung europarechtlicher Richtlinien dienen, geht das Schuldverschreibungsgesetz auf

225 BGBl. 2007 I, S. 1330.
226 BGBl. 2009 I, S. 2512.
227 BGBl. 2009 I, S. 2355.

Erkenntnisse von Missständen und deren Beseitigung zurück, die sich im Rahmen der Finanzmarktkrise gezeigt haben.

Sämtlichen Finanzdienstleistungen ist gemein, dass fast immer eine Ungleichgewichtslage zwischen Anbieter und Kunde gegeben ist. Dies ergibt sich zwangsläufig aus der enorm hohen Komplexität der Materie. Oft genug ist zu beobachten, dass selbst an sich fachkundige Personen die Materie nicht wirklich durchdringen. Somit erscheint es fast aussichtslos, dass ein Kunde sich ohne Unterstützung des Produktanbieters sämtliche wesentlichen Informationen beschaffen und diese richtig bewerten kann.

III. Wertpapiergeschäfte

Auch das Wertpapiergeschäft stellt, ähnlich dem Versicherungsgeschäft, mit seiner Fülle an Innovationen und komplexen Produkten ein für den Kunden nur schwer zu durchschauendes Geschäftsfeld dar.[228] Die enorme Komplexität des Wertpapiergeschäftes spiegelt sich auch noch an anderer Stelle wider. Schon länger als dies neuerdings auch aus dem Versicherungsrecht bekannt ist, werden von dem Wertpapierverbraucherschutzrecht auch solche Personen umfasst, denen an sich der eingangs definierte Verbraucherstatus fehlt.[229] Wie bereits weiter oben erläutert, spricht das WpHG lediglich von Kunden und gruppiert diese in drei Gruppen ein.

1. Gesetzliche Informations- und Aufklärungspflichten

Der Umfang und die Art und Weise der Darstellung von Informationspflichten im Zusammenhang mit dem Erwerb von Wertpapieren ergibt sich aus dem WpHG. Der Wertpapierdienstleister ist gemäß § 31 Abs. 5 WpHG dazu verpflichtet, sich Klarheit über die Erfahrungen und finanziellen Hintergründe des Kunden zu verschaffen. Weiterhin ist er nach § 31 Abs. 3 WpHG zur Vorlage zweckdienlicher Information genauso verpflichtet wie zur Wahrung der Kundeninteressen und zur sorgfältigen Organisation und bestmöglichen Durchführung des Effektengeschäfts, §§ 31 I, 31 c, 33 und 33a WpHG. Wertpapierdienstleistungsunternehmen sind demnach verpflichtet, Kunden rechtzeitig und in verständlicher Form diejenigen Informationen zur Verfügung zu stellen, damit diese die Art und die Risiken der ihnen angebotenen oder von ihnen nachgefragten Wertpapierdienstleistungen verstehen und auf dieser Grundlage

228 Kümpel, WM 2005, 1 (1).

229 Siehe auch Kümpel, WM 2005, 1 (2).

ihre Anlageentscheidungen treffen können. Die Informationen können in standardisierter Form zur Verfügung gestellt werden, müssen sich jedoch in jedem Fall zwingend beziehen auf:

- das Wertpapierdienstleistungsunternehmen und seine Dienstleistungen
- die Arten von Finanzinstrumenten und vorgeschlagenen Anlagestrategien einschließlich damit verbundener Risiken,
- Ausführungsplätze und
- Kosten und Nebenkosten.

Gemäß § 31d WpHG ist der Kunde weiterhin auch darüber zu informieren und aufzuklären, ob das Wertpapierdienstleistungsunternehmen bzw. der jeweilige Berater für den Verkauf eines Produktes Rückvergütungen, sogenannte Kick-Back-Zahlungen[230], von dem Produktanbieter erhält. Kick-Back-Zahlungen sind versteckte Rückvergütungen aus den Ausgabeaufschlägen oder Verwaltungsgebühren an das Wertpapierdienstleistungsunternehmen, welche dieses von einem Produktanbieter erhält. Durch diese Aufklärungspflicht soll der Kunde erkennen können, inwiefern der Wertpapierdienstleister eigene Interessen bei der Produktwahl verfolgt. Klauseln, die auf prozentuale Betragsangaben verzichten, sind unwirksam.[231]

2. Beratungspflicht

Beratungspflichten für den Vermittler können sich grundsätzlich nur dann ergeben, wenn zwischen ihm und dem Kunden ein eigenständiger Beratungsvertrag geschlossen wurde. Aufgrund der sich aus einem Beratungsverhältnis ergebenden weitgehenden Verpflichtungen und auch Haftungsrisiken für den Vermittler kann nicht unterstellt werden, dass jede Vermittlung von Wertpapieren gleichzeitig mit einem Beratungsvertrag gekoppelt ist. Ein Beratungsverhältnis ist daher nicht als zwingender Bestandteil eines Vermittlungsverhältnisses zu sehen. Ein Beratungsvertrag wird jedoch wohl regelmäßig dann gegeben sein, wenn der Vermittler Beratungsgespräche mit dem Kunden aufnimmt und ihn berät. In einer solchen Situation entsteht ein über das bloße Vermittlungsverhältnis hinausgehendes besonderes Vertrauensverhältnis, sodass zumindest von einem konkludenten Vertragsschluss auszugehen ist.[232]

---

230 BGH, Urteil vom 19. Dezember 2006, Az.: XI ZR 56/06.

231 LG Heidelberg, Urteil vom 31. Juli 2007, Az.: 3O 98/08.

232 So auch Evers/Jung, Finanzvermittler, S. 47.

Im WpHG sind die Anforderungen an die Beratungsqualität in Form einer aufsichtsrechtlichen Norm in § 31 geregelt. In Verbindung mit § 823 Abs. 2 BGB kann eine fehlerhafte Beratung neben einer vertraglichen Haftung auch zu einer deliktischen Haftung wegen Verletzung eines Schutzgesetzes führen.[233]

Der BGH hat in diversen Urteilen zum Ausdruck gebracht, dass die Beratungspflichten an den jeweiligen Anlegerhorizont anzupassen sind.[234] So können Beratungspflichten insbesondere nicht dahin gehend verstanden werden, dass jeder Kunde per se vor unrichtigen Entscheidungen zu schützen ist. Vielmehr geht es um die Tatsache, dass sich ein Wertpapierdienstleistungsunternehmen

a) genau informieren muss, wie erfahren und risikobereit der jeweilige Kunde ist und
b) dafür Sorge zu tragen hat, dass jeder Kunde so informiert ist, dass er das Risiko, welches er mit der Kapitalanlage eingeht, richtig einschätzen kann.

Die Interessenwahrungspflicht des § 31 Abs. 1 Nr. 1 WpHG hat jedoch nicht die Funktion, Kunden durch Begrenzung ihrer Entscheidungsfreiheit vor sich selbst zu schützen.[235] Folgerichtig hat der BGH auch entschieden, dass es einem Wertpapierdienstleistungsunternehmen nicht grundsätzlich untersagt werden kann, objektiv unvernünftige Anlageaufträge von Kunden auszuführen.[236] Anlass dieses Urteils war die Klage eines Discount-Brokers gegen einen ehemaligen Privatkunden auf Rückzahlung von Krediten, die der Kunde zur Finanzierung von Wertpapiergeschäften aufgenommen hatte. Die Widerklage war auf Schadensersatz gerichtet mit dem Argument, die Bank hätte einen Teil Aufträge nicht ausführen dürfen und den Beklagten an den kreditfinanzierten Wertpapierkäufen hindern müssen. Der BGH entschied jedoch, dass die Entscheidung und Verantwortung, ob risikoreiche Spekulationsgeschäfte trotz unzureichender Eigenkapitalausstattung abgeschlossen werden sollen, allein dem Kunden obliegt und der Discount-Broker auch objektiv unvernünftige Aufträge hinreichend informierter Kunden ausführen darf.[237] Insbesondere erklärt das WpHG in § 2 Abs. 3a Nr. 2 Kredite zum Zwecke des Wertpapierkaufes ausdrücklich für zulässig und unterwirft diese den Wohlverhaltensregeln des § 31 WpHG.

233 Evers/Jung, Finanzvermittlung, S. 47.

234 Vgl. etwa BGH, Urteil vom 11. November 2003, Az.: 21/03; BGH, Urteil vom 6. Juli 1993, Az.: XI ZR 12/93; BGH Urteil vom 7. Oktober 2008, Az.: XI ZR 89/07; BGHZ 123, 126, 128.

235 BGH Urteil vom 11. November 2003, Az.: 21/03.

236 BGH ebenda mit Bezug auf BGHZ 147, 343, 349.

237 BGH Urteil vom 11. November 2003, Az.: 21/03.

(a) Bond-Urteil des BGH

Im Jahr 1993 hatte eine Volksbank einer Kundin, die seit über 20 Jahren ausschließlich in sichere Wertpapiere investiert hatte, DM-Anleihen der australischen Bond Finance Ltd. verkauft. Diese brach kurz nach dem Kauf der Wertpapiere zusammen und die Bankkundin verlor nahezu ihr gesamtes eingesetztes Kapital. In seinem sogenannten Bond-Urteil[238] entschied der BGH, dass das beratende Wertpapierdienstleistungsunternehmen sich nicht nur Erkenntnis über den Anlagehorizont der Kundin verschaffen muss, sondern zudem auch verpflichtet ist, sich ausreichend Kenntnis über das Anlageprodukt und die notwendigen Informationen zu verschaffen. Insbesondere bei dem Angebot von ausländischen Wertpapieren sei es keinesfalls ausreichend, wenn das beratende Wertpapierdienstleistungsunternehmen den Börsenprospekt zur Kenntnis nimmt und ansonsten auf die jeweilige Börsenzulassung vertraut. Vielmehr ist in die Recherche auch die einschlägige Wirtschaftspresse mit einzubeziehen. Hätte dies die Bank in dem Bond-Fall befolgt, so wäre sie schon vor der Beratung der betroffenen Kundin darauf aufmerksam geworden, dass sowohl die FAZ, als auch das Handelsblatt, die Börsen-Zeitung und die englischsprachige Financial Times kritisch über die Bond-Anleihen berichtet hatten.[239] Gelingt es einem Wertpapierdienstleistungsunternehmen nicht, sich über die angebotenen Produkte zu informieren, so ist der Kunde auf diesen Umstand ausdrücklich hinzuweisen.

In der Urteilsbegründung arbeitet der BGH sehr ausführlich die Maßstäbe heraus, an denen sich eine Vermittlerberatung messen lassen muss. Eine Anlageempfehlung im Rahmen eines Beratungsverhältnisses muss demnach sowohl anleger- als auch objektgerecht sein.[240] Für den Beratungsverlauf bedeutet dies, dass der Vermittler zunächst verpflichtet ist, den Wissenshorizont und die genauen Wünsche des Kunden zu erforschen und zu analysieren. Auf Basis dieser Erkenntnisse filtert er dann aus seinem Produktangebot diejenigen Produkte heraus, die die Ziele des Kunden zu erreichen geeignet sind. Soweit es sich bei dem Berater um keinen Makler handelt, ist er auch im Rahmen eines Beratungsvertrages nicht verpflichtet, sämtliche am Markt erhältlichen Angebote zu filtern. Die Beratungspflicht bezieht sich dann darauf, aus dem eigenen Produktangebot das passende Angebot zusammenzustellen bzw. darauf hinzuweisen, wenn die zur Verfügung stehende Produktpalette kein geeignetes Anlageobjekt aufweist.

---

238 BGH Urteil vom 6. Juli 1993, Az.: XI ZR 12/93.

239 BGH ebenda; diese Ansicht hat der BGH in seinem Urteil vom 7. Oktober 2008, Az.: XI ZR 89/07 bekräftigt.

240 BGHZ 123, 126, 128.

Die Beratungspflicht bezieht sich auch darauf, dem Kunden die empfohlene Anlage vollständig, richtig und verständlich zu erklären.[241] Der genaue Umfang der Beratungspflicht lässt sich jedoch nicht an starren Kriterien festmachen und definieren, sondern ist vom Einzelfall abhängig.

Das Bond-Urteil darf jedoch nicht dahin gehend missverstanden werden, dass bei jeder Anlagevermittlung, bei der eine Diskussion zwischen Vermittler und Kunden über das Anlageobjekt geführt wird, ein Beratungsvertrag geschlossen wird. Hier ist vielmehr zwischen dem Anlageberater, mit dem ein Beratungsvertrag zustande kommt, und dem reinen Anlagevermittler, der lediglich den deutlich geringeren Pflichtenumfang aus einem Auskunftsvertrag schuldet, zu unterscheiden. Dieser Unterscheidung hat sich im Jahr 2006 das OLG Saarbrücken[242] eingehender angenommen und unter Auswertung der vorhandenen BGH-Rechtsprechung zutreffend ausgeführt: „Der Anlageberater ist nicht nur zur Tatsachenmitteilung, sondern auch zur Bewertung der Tatsachen verpflichtet. An ihn wendet sich der Kapitalanleger, der an fachkundiger Bewertung und Beurteilung der Tatsachen interessiert ist. Der Anlageberater erbringt eine auf die persönlichen Verhältnisse des Interessenten zugeschnittene Beratung und erhält häufig dafür ein gesondertes Honorar. Er ist individueller Berater, dem weitreichendes persönliches Vertrauen entgegengebracht wird, der deshalb besonders differenziert und fundiert beraten muss. Entscheidender Unterschied zur Anlagevermittlung ist die unabhängige Beratung von den Interessen des Kapitalsuchenden bzw. dem eigenen Interesse am Erhalt von Provisionen von dritter Seite.[243] Der Anlagevermittler hingegen wirbt für eine bestimmte Emission im Interesse des Kapitalsuchenden und auch mit Rücksicht auf die ihm von diesem versprochene Provision. Der Interessent wendet sich an diesen mit dem Bewusstsein, dass der werbende und anpreisende Charakter der Aussagen im Vordergrund steht. Der zwischen dem Interessenten und dem Anlagevermittler zu Stande kommende Vertrag zielt lediglich auf Auskunftserteilung ab. Er verpflichtet den Vermittler jedoch ebenfalls zu richtiger und vollständiger Information über diejenigen tatsächlichen Umstände, die für den Anlageentschluss von besonderer Bedeutung sind.[244] Dazu bedarf es vor allem der Information hinsichtlich der Wirtschaftlichkeit der Anlage und der Bonität des Kapitalsuchenden. Denn ohne zutreffende Angabe hierüber kann keine sachgerechte

241 Evers/Jung, Finanzvermittlung, S. 47.

242 OLG Saarbrücken, NJOZ 2006, 3405.

243 BGH, NJW-RR 2006, 109 = BGH-Report 2006, 137.

244 BGH, NJW 1982, 1905.

Anlageentscheidung getroffen werden.[245] Liegen dem Vermittler objektive Daten hierzu nicht vor, so muss er dies dem Interessenten offenlegen und deutlich auf seine unzureichenden Kenntnisse hinweisen."

Die Abgrenzung wird im Einzelfall jedoch oftmals nicht ganz leicht und nur unter Zuhilfenahme sämtlicher konkreter Umstände des Einzelfalls möglich sein.

Die in dem Bond-Urteil aufgestellten und benannten Standards der Anlageberatung sind jedoch nicht nur auf die Vermittlung von Wertpapieren beschränkt. Es handelt sich hierbei vielmehr um solche Standards, die eine Allgemeingültigkeit für sämtliche Beratungssituationen besitzen.[246]

Das Bond-Urteil wird wegen seiner elementaren Feststellungen zu Recht als grundlegendes Urteil für die Anlageberatung bezeichnet.[247]

(b) Ausnahmen von der Beratungspflicht

(1) Discount Broker

Es gibt jedoch anerkannte Ausnahmen von dem umfassenden Pflichtenkatalog des WpHG. Insbesondere für Verträge mit sogenannten Discount-Brokern wird regelmäßig ein wirksamer Ausschluss der Beratungspflicht angenommen.[248] Discount-Broker haben regelmäßig keinen direkten Kundenkontakt. Bereits bei Konto- bzw. Depoteröffnung weisen diese oftmals darauf hin, dass sie keinerlei Beratungsdienstleistungen anbieten.[249] Allein dieser Umstand lässt das als Begründung für die Beratungspflicht unter anderem herangezogene besondere Vertrauensverhältnis zwischen Wertpapierdienstleister und Kunden erst gar nicht entstehen.[250] Lässt sich ein Kunde dennoch auf eine Vertragsbeziehung zu einem Discount-Broker ein, so verzichtet er dadurch auf jedwede Beratungsdienstleistung. Dieser Grundsatz kann nur dann durchbrochen werden, wenn der Kunde vom Discount-Broker ausdrücklich eine Beratung wünscht und sich dieser darauf einlässt oder wenn der Discount-Broker im Einzelfall konkrete Anlageempfehlungen ausspricht. Letzteres ist etwa dann der Fall, wenn dem Kunden einzelne Anlagetipps oder Listen mit empfohlenen Anlageprodukten übermittelt werden.[251] Ansonsten besteht das Geschäftsmodell der Discount-Broker – wie

245 BGH, NJW-RR 1993, 1114.
246 Evers/Jung, Finanzvermittlung, S. 47.
247 Strube/Fandel, Verbraucherschutz, S. 117.
248 Kümpel, WM 1995, 689, 693; Rost, Informationspflichten, S. 22, 61 ff.
249 Rost, Informationspflichten, S. 62 f.
250 So auch Rost, Informationspflichten, S. 64.
251 Rost, Informationspflichten, S. 63.

auch der Discount-Banken – gerade darin, dass sich der Kunde selber informiert und den Dienstleister nur noch mit der Ausführung der getroffenen Anlageentscheidung beauftragt. Das geringere Dienstleistungsangebot der Discounter hat für den Kunden einen erhöhten Aufwand an Informations-beschaffung aber oftmals auch einen erheblichen Preisvorteil bei den Dienstleistungskosten zur Folge. Nicht zuletzt der Kostenvorteil macht das Geschäft der Discounter auch im Finanzdienstleistungsmarkt sehr erfolgreich.[252]

(2) Execution-Only

Eine weitere Ausnahme von der Beratungspflicht der Wertpapierdienstleister besteht bei dem sogenannten Execution-Only-Service. Hier beauftragt der Kunde den Wertpapierdienstleister zur Vornahme eines ganz bestimmten, zuvor vom Kunden festgelegten Geschäftes. Durch dieses Geschäftsgebaren bringt der Kunde unmissverständlich zum Ausdruck, dass er keinerlei Beratung wünscht, da er genau weiß, was er will. Somit ist der Kunde in diesen Fällen auch nicht beratungswürdig.[253] Dem Wertpapierdienstleister in diesen Situationen Beratungs- oder Informationspflichten aufzuerlegen wäre unangemessen und würde dem Sinn und Zweck des Kundenschutzes schließlich auch entgegenlaufen.

Der wirksame Ausschluss von Beratungspflichten hat für den Kunden zur Folge, dass er damit auch von vornherein auf etwaige Schadensersatzansprüche gegen den Wertpapierdienstleister, die sich aus einem Beratungsvertrag ergeben können, verzichtet. Er allein trägt das Risiko für fehlerhafte oder unvollständige Information.[254]

Auch andere Personen können in diesem Fall regelmäßig nicht für den eingetretenen Schaden haftbar gemacht werden. So ist es nicht möglich, sich zunächst bei dem einen Wertpapierdienstleister oder sonstigen Berater über ein Produkt beraten zu lassen, um dieses hinterher bei einem anderen Anbieter ohne Beratung günstiger zu erwerben. Eine Haftbarmachung des zuerst kontaktierten

---

252 Die Anzahl der Discount-Broker und Discount-Banken ist in den letzten Jahren erheblich gestiegen. Auch einige Filialbanken bieten ihren Service neben dem obligatorischen Webauftritt der Banken inzwischen mittels eigens gegründeter Direct-Brokern oder -Banken an. So hat die Commerzbank AG bereits im Jahre 1994 die Direktbank comdirect bank GmbH (heute comdirect bank AG) als Tochterunternehmen gegründet, abzurufen unter: http://www.comdirect.de/pbl/cms/cms/company/pages/german/unternehmen/cori1064_geschichte.html.

253 Siehe hierzu aus der Literatur Rost, Informationspflichten, S. 62; aus der Rechtsprechung OLG Hamm, ZIP 1996, 2067, 2068.

254 Brandt, Aufklärungs- und Beratungspflichten, S. 147.

Anbieters würde gegen den Grundsatz von Treu und Glauben verstoßen.[255] Auch sonst gibt es für den Anleger keine Möglichkeit, sich an dem zuerst kontaktierten Berater schadlos zu halten.[256] Etwas anderes gilt natürlich dann, wenn der Emittent der Wertpapiere gegen die ihm obliegenden Prospektpflichten verstoßen hat. Selbstverständlich kann der Anleger sich wegen Schäden, die sich aus dieser Pflichtverletzung ergeben, an dem Emittenten schadlos halten. Auch eine vorsätzliche Schädigung durch den Discount-Anbieter fällt nicht unter den Haftungsausschluss. Diese Fälle dürften jedoch die Ausnahme bilden, sodass der Kunde eines Discount-Anbieters regelmäßig wesentlich weniger Schutz genießt, als ein Kunde, der umfassend beraten wurde.

3. Protokollierungspflicht

Durch die Umsetzung von Art. 4 Gesetz zur Neuregelung der Rechtsverhältnisse bei Schuldverschreibungen aus Gesamtemissionen und zur verbesserten Durchsetzbarkeit von Ansprüchen von Anlegern aus Falschberatung vom 31. Juli 2009[257] wurden die Regelungen des § 34 Abs. 2a und 2b neu in das WpHG eingeführt. Hierdurch werden die Dokumentationspflichten der Wertpapierdienstleistungsunternehmen erheblich erweitert. War der Dienstleister vorher lediglich zur internen Protokollierung der Anlegerwünsche und des Anlagerhorizontes verpflichtet, sind diese Protokolle seit dem 1. Januar 2010 dem Anleger vor Auftragserteilung auszuhändigen. Dieser Anspruch des Kunden hat zur Folge, dass er, bevor er sich gegenüber dem Wertpapierdienst-leistungsunternehmen verpflichtet, kontrollieren kann, ob seine Situation richtig erfasst wurde.

Diese Protokollierungspflicht nimmt jedoch neben dem Wertpapierdienstleistungsunternehmen auch den Kunden in die Pflicht. Da ihm nun mitgeteilt wird, auf welcher Basis die Anlageempfehlungen getroffen werden, ist der Kunde zur kritischen Durchsicht und zu schriftlichem Widerspruch gegen eventuelle Protokollierungsfehler verpflichtet, will er sich später nicht vorhalten lassen, er habe durch sein Untätigbleiben die Auffassung des Wertpapierdienstleistungsunternehmens bestätigt.

Erteilt der Kunde dem Wertpapierdienstleister nach Kenntnisnahme des Beratungsprotokolls einen Auftrag, so erklärt er sich zumindest konkludent mit dem Inhalt einverstanden.

255 So auch Brandt, Aufklärungs- und Beratungspflichten, S. 147.
256 So auch Brandt, Aufklärungs- und Beratungspflichten, S. 147.
257 BGBl. 2009 I, S. 2512.

IV. Kreditgeschäfte

Das zentrale Anliegen der Regelungen über den Verbraucherkredit ist der Schutz des Verbrauchers vor einer unbedachten Kreditaufnahme. Die Ungleichgewichtslage aufgrund überlegenen Wissens wird neben den Versicherungsgeschäften insbesondere auch bei Kreditgeschäften sichtbar.[258] Das besondere Risiko eines Kreditvertrages liegt in der für den unkundigen Kunden oft nicht deutlich werdenden Gesamtbelastung, die sich aus Zinsen, Bereitstellungsgebühren und weiteren Vertragskosten zusammensetzen. Auch die regelmäßig langen Laufzeiten bergen das Risiko in sich, dass der Kreditnehmer aufgrund sich ändernder Lebensumstände in Zahlungsschwierigkeiten kommen oder den Kredit gar nicht mehr bedienen kann. Welch immense Auswirkungen solche Störungen des Kreditverhältnisses haben können, wurde zuletzt eindrucksvoll durch die von der US-amerikanischen Subprime-Krise ausgelöste Wirtschaftskrise belegt.

Die Schutzbedürftigkeit des Kunden aufgrund der mit der Kreditaufnahme einhergehenden Risiken hat der Gesetzgeber schon lange im Blick. Diese Risiken haben sich in den vergangenen Jahren jedoch aufgrund des sich wandelnden Konsumverhaltens stark erhöht.

Bereits das Abzahlungsgesetz trug den Risiken der Kreditaufnahme durch Verbraucher und Minderkaufleute Rechnung. Im Jahr 1991 ging das Abzahlungsgesetz in dem Verbraucherkreditgesetz auf, welches im Rahmen der Schuldrechtsreform im Jahre 2001 in das BGB in die §§ 491–512 BGB a.F. integriert wurde. Das am 11. Juni 2010 in Kraft getretene Gesetz zur Umsetzung der Verbraucherkreditrichtlinie, des zivilrechtlichen Teils der Zahlungsdiensterichtlinie[259] sowie zur Neuordnung der Vorschiften über das Widerrufs- und Rückgaberecht vom 29. Juli 2009[260] hat erneut einige Änderungen für das Verbraucherkreditrecht mit sich gebracht.

1. Die Verbraucherkreditrichtlinie

Auch das Verbraucherkreditgeschäft hat in der jüngeren Vergangenheit einige wesentliche Änderungen erfahren. Im Gegensatz zu den Änderungen des

---

258 Bülow/Artz, Verbraucherprivatrecht, S. 95 f.

259 Richtlinie 2007/64/EG über Zahlungsdienste im Binnenmarkt, zur Änderung der Richtlinien 97/7/EG, 2002/65/EG, 2005/60/EG und 2006/48/EG sowie zur Aufhebung der Richtlinie 97/5/EG vom 13. November 2007, ABl. Nr. L vom 5. Dezember 2007, S. 319.

260 BGBl 2009 I, S. 2355.

Wertpapiergeschäftes sind diese Änderungen jedoch nicht Folge der Finanzkrise, sondern bereits vorher in Gang gesetzt worden. Der erste Richtlinienentwurf für die neue Verbraucherkreditrichtlinie[261] stammt aus dem Jahre 2002[262]. Mit dieser Richtlinie, die im Gegensatz zu fast allen anderen verbraucherschützenden Richtlinien gemäß Art. 22 Abs. 1 der Richtlinie das Prinzip der Vollharmonisierung verfolgt, manifestiert der europäische Gesetzgeber erstmals seinen Willen, einen Kurswechsel in der Rechtssetzung betreffend den Verbraucherschutz einzuschlagen.[263]

(a) Die deutsche Umsetzung

In Deutschland wurde die Richtlinie durch das Gesetz zur Umsetzung der Verbraucherkreditrichtlinie, des zivilrechtlichen Teils der Zahlungsdiensterichtlinie sowie zur Neuordnung der Vorschriften über das Widerrufs- und Rückgaberecht vom 29. Juli 2009 umgesetzt.[264]

Aufgrund des Umfanges der Verbraucherkreditrichtlinie hat der nationale Gesetzgeber darauf verzichtet, sämtliche Vorschriften in das BGB zu übernehmen. Im BGB selbst wurden so nur die Vorschriften über den Verbraucherdarlehensvertrag umgesetzt. In Anlehnung an die BGB-InfoV hat sich der Gesetzgeber dazu entschlossen, die Informationspflichten und Muster der Informationserteilung in Art. 27 EGBGB zu regeln.[265] Weitere Regelungen sind in §§ 6 – 6a PAngV sowie § 18 KWG enthalten.

Die Umsetzung der Verbraucherkreditrichtlinie in das deutsche Recht bringt Änderungen insbesondere in den Bereichen Werbung, (vor-) vertragliche Informationspflichten, vorzeitiger Rückzahlung, Entschädigung und zur Berechnung des effektiven Jahreszinses, mit sich. Die von der Richtlinie vorgegebenen Kriterien für die Harmonisierung des Widerrufes haben für den deutschen Kunden fast keine Auswirkungen. Vielmehr hat sich der Richtliniengeber die im

---

261 Richtlinie 2008/48/EG des Europäischen Parlaments und des Rates vom 23. April 2008 über Verbraucherkreditverträge und zur Aufhebung der Richtlinie 87/102/EWG, ABl. EU Nr. L 133 vom 22. Mai 2008, S. 66.

262 KOM (2002) 443 endgl. vom 11. September 2002.

263 Soweit diese Richtlinie harmonisierte Vorschriften enthält, dürfen die Mitgliedstaaten keine Bestimmungen in ihrem innerstaatlichen Recht aufrecht erhalten oder einführen, die von den Bestimmungen dieser Richtlinie abweichen.

264 Die die Zahlungsdiensterichtlinie betreffenden Vorschriften sind bereits am 31. Oktober 2009 in Kraft getreten. Im Übrigen ist das Gesetz zum 11. Juni 2010 in Kraft getreten.

265 Weidenkaff, in: Palandt, 74. Aufl., Einf. vor § 488 n.F., Rn. 2.

deutschen Recht bereits bestehenden Regelungen des § 495 BGB a.F. zum Vorbild für die Richtlinienvorgaben gemacht.[266]

(1) Werbung für Verbraucherdarlehen

Ziel der neuen Regelungen betreffend die Werbung für Verbraucherdarlehensverträge ist es, dem Kreditnehmer die Möglichkeit zu geben, Kreditangebote vergleichen zu können.[267] Gemäß § 6 PAngV n.F. sind dem Verbraucher nun bereits bei der Werbung für Kreditverträge klare, verständliche und auffallende Angaben zu den mit dem Kreditvertrag verbundenen Kosten zu machen. Hierzu gehören der Sollzinssatz, der Nettodarlehensbetrag, der effektive Jahreszins sowie gegebenenfalls weitere mit dem beworbenen Vertrag verbundene Kosten. Auch andere Voraussetzungen für den Vertragsschluss, wie etwa Vertragslaufzeiten, bei Teilzahlungsgeschäften die Sache oder Dienstleistung, den Barzahlungspreis sowie den Betrag der Anzahlung und gegebenenfalls den Gesamtbetrag und den Betrag der Teilzahlungen sind schon in der Werbung deutlich zu benennen. Zudem ist der Kreditanbieter gezwungen, die Angaben mit konkreten Beispielen zu unterlegen. Die Beispiele sind gemäß § 6a Abs. 3 PAngV so zu wählen, dass davon auszugehen ist, dass mindestens zwei Drittel der aufgrund dieser Werbung geschlossenen Verträge tatsächlich den beworbenen oder einen günstigeren effektiven Jahreszins zum Inhalt haben.

(2) Vorvertragliche Informationen

Die durch das Umsetzungsgesetz neu eingefügten § 491a Abs. 1 BGB und Art. 247 EGBGB regeln die vorvertraglichen Informationspflichten des Kreditanbieters. Im Gegensatz zum alten Recht setzen die Informationspflichten nun nicht mehr erst bei Abschluss des Kreditvertrages ein, sondern sie entfalten ihre Wirkung bereits in der vorvertraglichen Phase.[268] Gemäß Art. 247 § 2 Abs. 1 und 2 EGBGB hat der Darlehensgeber dabei seine Informationspflicht unter Zuhilfenahme der dem EGBGB als Anlagen 3 - 5 beigefügten europäischen Informationsblätter zu erfüllen.

§ 491a Abs. 3 BGB normiert eine weitere Neuerung im Verbraucherdarlehensrecht.[269] Der Darlehensgeber hat dem Darlehensnehmer vor Vertragsschluss die Vertragsbedingungen zu erläutern. Dies soll den Darlehensnehmer

---

266 Vgl. Art. 14 der Richtlinie.

267 Gelberg, in: Landmann/Rohmer, GewO, § 6 PAngV, Rn. 5.

268 Rühl, DStR 2009, 2256 (2261).

269 Rühl, DStR 2009, 2256 (2261)

in die Situation versetzen, dass dieser selbstständig entscheiden kann, ob das vorliegende Vertragsangebot für ihn in der konkreten Situation sinnvoll ist oder nicht. Die Erläuterungspflicht begründet jedoch keine Beratungspflicht. Vielmehr bleibt die Erläuterung deutlich hinter der Beratung zurück.[270] § 491a Abs. 3 BGB verpflichtet den Darlehensgeber gerade nicht, dem Darlehensnehmer einen für ihn optimalen Vertrag anzubieten. Der Darlehensgeber ist nach dieser Norm lediglich verpflichtet, dem Darlehensnehmer den Vertragsinhalt so zu erläutern, dass dieser anschließend befähigt ist, eine Entscheidung über den Vertragsabschluss zu fällen. Der genaue Umfang der Erläuterungspflicht bemisst sich somit an der Komplexität des konkreten Vertrages sowie den in der Person des Darlehensnehmers liegenden Umständen.[271]

(3) Insbesondere Angabe des effektiven Jahreszinses

Wie schon bei der Reform des VVG ist es dem Gesetzgeber wichtig, dass den Kunden auch die Nebenkosten des jeweiligen Vertrages deutlich gemacht werden. So ist der Darlehensgeber dann auch gemäß § 6 Abs. 1 PAngV zur Angabe des effektiven Jahreszinses verpflichtet. Ziel dieser Regelung ist es, einen einheitlichen Vergleichsmaßstab zur Verfügung zu stellen, anhand dessen der Darlehensnehmer das für ihn günstigste Angebot auswählen kann. Bei dem effektiven Jahreszins handelt es sich um den anzugebenden Prozentsatz des Nettokreditbetrages bei Geldkrediten bzw. des Barzahlungspreises bei Leistungskrediten, der die Gesamtbelastung pro Jahr des Darlehensnehmers zum Ausdruck bringt.[272]

(i) Angabe eines zu hohen effektiven Jahreszinses

Weist der Kreditgeber gegenüber dem Kunden einen höheren effektiven Jahreszins aus, als tatsächlich mittels der geforderten Raten und sonstigen Kosten gezahlt wird, so bleibt dies folgenlos. Der Kunde erfährt dadurch ja auch keinen Nachteil.

(ii) Angabe eines zu niedrigen effektiven Jahreszinses

Weist der Darlehensgeber indes einen niedrigeren effektiven Jahreszins aus, als dies tatsächlich der Fall ist, so ist eine Nachjustierung geboten. Gemäß §§ 494 Abs. 3 und 507 Abs. 2 Satz 5 BGB führt eine solche Falschangabe zur Minderung

270 BT-Drucks. 16/11643, S. 79.

271 BT-Drucks. 16/11643, S. 79.

272 Rüßmann, Verbraucherkredit (§§ 491 bis 512 BGB), S. 2, abzurufen unter: http://ruessmann.jura.uni-saarland.de/Verbraucherkredite.pdf (abgerufen am 12.11.2017).

der vom Darlehensnehmer zu erbringenden Gegenleistung auf das Maß, welches der Darlehensnehmer bei Vertragsschluss annehmen durfte zu schulden.

Problematisch an dieser Regelung ist, dass der Gesetzgeber weder für den Geld- noch für den Sachkredit festgelegt hat, nach welcher mathematischen Methode die Differenz zwischen angegebenem und tatsächlich zu entrichtendem effektiven Jahreszins zu bestimmen ist.[273] Zum einen könnte angenommen werden, dass es sich um eine relative Differenzberechnung handelt.[274] Wenn dies die Intention des Gesetzgebers gewesen ist, dann hätte in den entsprechenden Regelungen jedoch auch noch festgelegt werden müssen, welcher der beiden möglichen Zinssätze dann die Basis 100 % markiert, von der aus die Abweichung berechnet werden kann. Neben der relativen Differenzberechnungsmethode käme auch eine absolute Differenzberechnungsmethode, also das Ergebnis einer einfachen Subtraktion der beiden Zinssätze in Betracht.[275] Eine weitere Vertiefung dieser Problematik mit all ihren Folgeproblemen kann hier jedoch dahinstehen, da die Problemlösung keine grundsätzliche Auswirkung auf das zugrunde liegende Verbraucherschutzmodell hat, sondern lediglich – wenn auch erhebliche – Probleme bei der praktischen Umsetzung mit sich bringt. Hierzu sei auf die ausführliche Diskussion von Rüßmann verwiesen.[276] Im Ergebnis ist die absolute Differenzberechnungsmethode als die kundenfreundlichere Methode jedoch vorzuziehen.[277]

(iii) Fehlen einer Angabe des effektiven Jahreszinses

Das völlige Fehlen einer Angabe zu dem geschuldeten effektiven Jahreszins führt gemäß §§ 494 Abs. 1 und 507 Abs. 2 Satz 1 BGB grundsätzlich zur Nichtigkeit des Vertrages. Nach § 494 Abs. 2 bzw. § 507 Abs. 2 Satz 3 BGB beseitigt die tatsächliche Inanspruchnahme des Vertrages beseitigt jedoch die Nichtigkeit und lässt den Kreditvertrag regelmäßig wirksam werden. Hier stellt sich dann die Frage nach den vereinbarten Konditionen. Ein folgenloses Wirksamwerden des Vertrages qua tatsächlicher Durchführung würde den Darlehensnehmer nicht angemessen schützen. Diesem würde in den wenigsten Fällen der Formmangel

273 Möller, in: BeckOK BGB, 46. Edition, § 494, Rn. 15; Schürnbrand, in: MüKo BGB, 7. Aufl., § 494, Rn. 33.

274 So etwa Reifner, in: Derleder, Handbuch BankR, § 15, Rn. 219 f.

275 Möller, in: BeckOK BGB, 46. Edition, § 494, Rn. 15; LG Stuttgart, NJW 1993, 208.

276 Rüßmann, Verbraucherkredit (§§ 491 bis 512 BGB), S. 8 ff. m.w.N., abzurufen unter: http://ruessmann.jura.uni-saarland.de/Verbraucherkredite.pdf; zum Meinungsstand siehe auch Möller, in: BeckOK BGB, § 494, Rn. 15.

277 Schürnbrand, in: MüKo BGB, 7. Aufl. § 494, Rn. 33.

vor Durchführung des Darlehensvertrages auffallen, mit der Folge, dass ein Weglassen der Angabe zu dem effektiven Jahreszins für den Darlehensgeber in der überwiegenden Mehrzahl der Fälle folgenlos bliebe. Diesem unbilligen Ergebnis wirken für den Geldkredit § 494 Abs. 2 BGB und für den Sachkredit § 507 Abs. 2 Satz 2 BGB entgegen.

Unterlässt es der Anbieter eines Geldkredites, dem Darlehensnehmer den effektiven Jahreszins in dem Darlehensvertrag anzugeben, so ordnen § 494 Abs. 2 und 5 BGB an, dass sich der Sollzinssatz auf den gesetzlichen Zinssatz reduziert und die zu entrichtenden Raten unter dieser Voraussetzung neu berechnet werden.[278]

Für den Sachkredit ordnet § 507 Abs. 2 Satz 3 BGB an, dass der Barzahlungspreis maximal mit dem gesetzlichen Zinssatz verzinst werden darf. Hieraus ergibt sich, dass auch die vom Verbraucher zu zahlenden Raten entsprechend zu verringern sind.[279] Dies entspricht auch den Intentionen des Verbraucherkreditrechts. Zwar würde der Darlehensnehmer bei gleichbleibenden Ratenhöhe das Darlehen schneller tilgen. Es ist jedoch anzunehmen, dass dem Darlehensnehmer regelmäßig eine reduzierte monatliche Rate lieber sein wird.

(b) Kündigung und vorzeitige Rückzahlung

Kündigung und vorzeitige Rückzahlung eines Verbraucherdarlehens sind wesentlich vereinfacht worden. Gemäß § 499 Abs. 1 BGB n. F. können Darlehensgeber unbefristet abgeschlossene Verbraucherdarlehensverträge künftig nur noch dann ordentlich kündigen, wenn eine Kündigungsfrist von mindestens zwei Monaten vereinbart worden ist. Der Darlehensnehmer kann einen unbefristeten Darlehensvertrag gemäß § 500 Abs. 1 Satz 1 BGB dann fristlos kündigen, wenn keine Zeit für die Rückzahlung bestimmt und das Darlehen nicht grundpfandrechtlich gesichert ist. Eine vereinbarte Kündigungsfrist von mehr als einem Monat ist gemäß § 500 Abs. 1 Satz 2 BGB unwirksam. Ergänzend hierzu berechtigt § 502 BGB den Darlehensnehmer jederzeit dazu, ein nicht grundpfandrechtlich gesichertes Darlehen vorzeitig zurückzuzahlen. Er schuldet dem Darlehensgeber in diesem Fall jedoch gemäß § 502 Abs. 2 BGB eine Vorfälligkeitsentschädigung, die jedoch nach § 502 Abs. 1 Nr. 1 und 2 BGB begrenzt wird. Abweichend hiervon ist der Anspruch des Darlehensgebers auf Vorfälligkeitsentschädigung jedoch laut § 502 Abs. 2 Nr. 1 und Nr. 2 BGB stets

---

278 Weidenkaff, in Palandt, 77. Aufl., § 494, Rn. 6.

279 Weidenkaff, in Palandt, 77. Aufl. Rn. 9; Schürnbrand, in: MüKo BGB, 7. Aufl. § 507, Rn. 17.

dann ausgeschlossen, wenn „die Rückzahlung aus den Mitteln einer Versicherung bewirkt wird, die auf Grund einer entsprechenden Verpflichtung im Darlehensvertrag abgeschlossen wurde, um die Rückzahlung zu sichern“ oder „im Vertrag die Angaben über die Laufzeit des Vertrags, das Kündigungsrecht des Darlehensnehmers oder die Berechnung der Vorfälligkeitsentschädigung unzureichend sind“.

2. Verbundene Verträge

Bereits vor der Umsetzung der neuen Verbraucherkreditrichtlinie hielt das Gesetz verbraucherschützende Regelungen für die Lösung von verbundenen Verträgen vor.

Verbundene Verträge liegen dann vor, wenn ein Verbraucher im Sinne des § 13 BGB ein Produkt erwirbt und zur Finanzierung des Produktes ein Darlehen aufnimmt.[280] Hinzu kommt, dass beide Verträge als wirtschaftliche Einheit betrachtet werden können,[281] wenn also das eine vom anderen Geschäft abhängt und dies für die Vertragsparteien auch erkennbar war.[282] Dies ist insbesondere dann gegeben, wenn die Anbieter von Produkt bzw. Dienstleistung und Darlehen von der jeweils anderen Partei Kenntnis haben, oder, was insbesondere bei Leasingverträgen die Regel sein dürfte, zusammen auf den Geschäftsabschluss mit dem Verbraucher hinwirken.[283] In diesen Fallkonstellationen ist für alle Beteiligten eindeutig, dass die mit dem Verbraucher geschlossenen Verträge als wirtschaftliche Einheit zu sehen sind. Der Begriff des verbundenen Geschäfts wurde 1990 mit § 9 Abs. 1 S. 1 VerbrKrG in das deutsche Recht eingeführt und ist im Zuge der Eingliederung des VerbrKrG in das BGB als verbundener Vertrag mit in §§ 358, 359 übernommen worden.

Sofern der Verbraucher nun ein Recht hat, sich von einem der verbunden Verträge zu lösen, so erstreckt sich dieses Recht auch auf den anderen Vertrag. Dadurch erhält der Verbraucher die Gewissheit, dass er nicht an einen der beiden Verträge gebunden bleibt. Dies könnte den Verbraucher nämlich davon abhalten, von seinem Vertragslösungsrecht Gebrauch zu machen, da er den einen Vertrag ohne den anderen eventuell gar nicht erfüllen kann.

280 Grüneberg, in Palandt, 77. Aufl., § 358, Rn. 3 und 4; Habersack, in: MüKo BGB, 7. Aufl. § 358, Rn. 26.

281 Habersack, in: MüKo BGB, 7. Aufl., § 358, Rn. 11 und Rn. 26; BGH, NJW 1990, 1072.

282 Grüneberg, in Palandt, 77. Aufl., § 358, Rn. 11 f. m.w.N.

283 Grüneberg, in Palandt, 77. Auf., § 358, Rn. 11; BHG. NJW 2003, 2821.

V. Zahlungsverkehr

Neben dem Kreditrecht hat das Umsetzungsgesetz auch das Recht des Zahlungsverkehrs reformiert. Gemäß den Vorgaben der zugrundeliegenden Richtlinie 2007/64/EG vom 13. November 2007 war die Schaffung eines EU-weiten Binnenmarktes für den Zahlungsverkehr das erklärte Ziel.[284] Hierzu sieht die Richtlinie, die das Prinzip der Maximalharmonisierung verfolgt[285], umfassende aufsichtsrechtliche und zivilrechtliche Regelungen vor.[286]

Für den Kunden sollen grenzüberschreitende Zahlungen genauso einfach zu handhaben sein, wie innerstaatliche. Die Angleichung der nationalen Vorschriften soll dabei auch den innereuropäischen Wettbewerb stärken, in dem es Zahlungsdiensteanbietern durch einheitliche Vorschriften erleichtert wird, grenzüberschreitend tätig zu werden.[287] Zentrales Ziel ist die Schaffung eines einheitlichen Euro-Zahlungsraumes.[288] Zur Erreichung dieses Ziels hat der europäische Gesetzgeber sehr detaillierte Regelungen in die Richtlinie aufgenommen, um so eine möglichst einheitliche nationale Umsetzung zu gewährleisten.[289]

Die Umsetzung der Zahlungsdiensterichtlinie hat den Rahmen der unter die Regelungen fallenden Geschäfte deutlich erweitert. Zudem wurde mit dem Zahlungsdienstevertrag ein neuer Vertragstypus in das BGB eingeführt.[290] Neben den Überweisungsgeschäften, §§ 676 a ff. BGB a.F., sind nun mit Ausnahme der Barzahlungsgeschäfte alle Zahlungsinstrumente sowie Verträge über die Nutzung von elektronischem Geld erfasst.[291]

1. Zahlungsdienstleistungen

Mit dem Begriff Zahlungsdienstleistungen ist ein neuer Begriff in das BGB eingeführt worden. Eine Legaldefinition hält das Gesetz nicht bereit. § 675 c Abs. 3

284 Erwägungsgrund 1 der Richtlinie.

285 Art. 86 der Richtlinie.

286 Im Rahmen dieser Arbeit sollen nur die zivilrechtlichen Regelungen untersucht werden, da sich nur aus diesen Vorschriften direkte Ansprüche für Verbraucher ergeben können.

287 Erwägungsgründe 1 ff. der Richtlinie.

288 Single Euro Payment Area – SEPA

289 Casper, in: MüKo BGB, 7. Aufl., vor § 615 c, Rn. 4.

290 Rösler, BKR 2009, 1, 7.

291 Rühl, DStR 2009, 2256, 2256 f.

BGB verweist hier auf die entsprechenden Bestimmungen im KWG und dem ZAG[292].

Art. 4 Ziff. 3 der Richtlinie besagt, dass ein Zahlungsdienst jede im Anhang aufgeführte gewerbliche Tätigkeit ist. Der Anhang beschreibt umständlich eine Reihe von Dienstleistungen, die Zahlungsdienste sein sollen. Vereinfachend lässt sich der Begriff des Zahlungsdienstes als jede privatrechtliche Dienstleistung eines Dritten (eines Zahlungsdienstleisters) beschreiben, die die Ausführung einer Zahlung zwischen zwei Parteien, dem Zahler und dem Zahlungsempfänger, unterstützt.[293] Dabei ist unter einer Zahlung die zweckgerichtete Übertragung von Bar- oder Buchgeld bzw. elektronischem Geld aus dem Vermögen des Zahlers an den Zahlungsempfänger zu verstehen.[294]

2. Zahlungsdienstevertrag

§ 675 f BGB führt mit dem Zahlungsdienstevertrag einen neuen Vertragstypus in das BGB ein.[295] Es handelt sich hierbei um eine Sonderform des Geschäftsbesorgungsvertrages,[296] der den Überweisungsvertrag ablöst und wesentlich erweitert.[297] So sind gemäß § 675 c Abs. 1 BGB auf den Zahlungsdienstevertrag auch die Regelungen des Geschäftsbesorgungsvertrages entsprechend anwendbar. Er erfasst nun sämtliche Arten von Zahlungsdienstleistungen. Nach § 675 f Abs. 1 und 2 BGB wird zwischen einem Einzelzahlungs- und einem Rahmenvertrag unterschieden. Gemäß § 675 f Abs. 1 BGB schuldet der Zahlungsdienstleister den Erfolg der Zahlung und nicht bloß deren Weiterleitung.[298] Dies bringt der Gesetzestext eindeutig zum Ausdruck, indem er bestimmt, dass der Zahlungsdienstleister den „Zahlungsvorgang auszuführen" hat.

Das Kündigungsrecht des Zahlungsdienstevertrags ist in § 675 h BGB geregelt. Wie schon bei dem neuen Recht der Verbraucherkredite und dem Versicherungsvertragsrecht ist auch hier das Kündigungsrecht des Zahlungsdienstnutzers gegenüber dem des Zahlungsdienstleisters erleichtert. Nach § 675 h Abs. 1 Satz 2 BGB ist eine vereinbarte Kündigungsfrist von mehr als einem Monat für den

292 Zahlungsdiensteaufsichtsgesetz vom 25. Juni 2009, BGBl. 2009 I, S. 1506 zuletzt geändert durch Gesetz vom 29. Juli 2009, BGBl. 2009 I, S. 2355.

293 Sprau, in Palandt, 77. Aufl., § 675 c, Rn. 3.

294 Sprau, in: Palandt, 77. Aufl., vor § 675 c, Rn. 1.

295 Casper, in: MüKo BGB, 7. Aufl., § 675 f, Rn. 1; Rösler, BKR 2009, 1, 7.

296 Sprau, in Palandt, 77. Aufl., vor § 675 c, Rn. 7; Schmalenbach, in: BeckOK BGB, 46. Edition, § 675f, Rn. 1.

297 Rösler, BKR 2009, 1, 7.

298 Rösler, BKR 2009, 1, 7.

Zahlungsdienstnutzer unwirksam. Ist keine Kündigungsfrist vereinbart, so kann der Zahlungsdienstnutzer den Zahlungsdienstevertrag nach § 675 h Abs. 1 Satz 1 BGB jederzeit ohne Einhaltung einer Frist kündigen, selbst wenn der Vertrag für einen bestimmten Zeitraum geschlossen wurde. Hingegen ist die Bindung des Zahlungsdienstleisters an den Vertrag deutlich stärker. Dem Dienstleister ist gemäß § 675 h Abs. 2 Satz 1 BGB ein Kündigungsrecht nur dann gewährt, wenn der Zahlungsdienstevertrag unbefristet geschlossen und ein Kündigungsrecht ausdrücklich vereinbart wurde. Hierbei ist zu beachten, dass nach § 675 h Abs. 2 Satz 2 BGB eine Kündigungsfrist von weniger als zwei Monaten unwirksam ist.

Ein nicht unerhebliches Risiko für die Kunden stellt § 675 r BGB dar. Gemäß § 675 r Abs. 1 BGB ist es dem Zahlungsdienstleister gestattet, die Ausführung von Zahlungen allein anhand der Kundenkennungen durchzuführen.[299] Laut § 675 r Abs. 2 BGB ist unter der „Kundenkennung eine Abfolge aus Buchstaben, Zahlen oder Symbolen, die dem Zahlungsdienstnutzer vom Zahlungsdienstleister mitgeteilt wird und die der Zahlungsdienstnutzer angeben muss, damit der andere am Zahlungsvorgang beteiligte Zahlungsdienstnutzer oder dessen Zahlungskonto zweifelsfrei ermittelt werden kann", zu verstehen. Die Ermächtigung, Zahlungen nur noch anhand solcher Kundenkennungen durchzuführen, bedeutet, dass der bisher vorgeschriebene Kontonummer-Namensvergleich entfallen kann.[300] In dieser Regelung ist zumindest für denjenigen Kunden, der nur gelegentlich Zahlungsaufträge erteilt, ein nicht unerhebliches Gefahrenpotenzial zu sehen. Oftmals wird der Kunde nicht oder erst sehr spät erfahren, dass sein Zahlungsauftrag einem falschen Konto gutgeschrieben wurde. Sollten dann bereits Widerrufsfristen, § 675 p BGB, verstrichen sein, so läuft der Kunde in Gefahr, den Zahlungsauftrag doppelt vergeben zu müssen. Ob der ihm dann zustehende Herausgabeanspruch gegen denjenigen Kontoinhaber, der die Zahlung ohne Rechtsgrund erhalten hat, tatsächlich durchsetzbar ist, ist im Einzelfall zweifelhaft. Das Risiko für den Zahler wird zudem durch die Regelungen der §§ 675 j Abs. 2 und 675 p BGB weiter erhöht, indem hier die Widerrufsfristen für den Zahler gegenüber dem vorher geltenden Recht des Überweisungsvertrages verkürzt werden.

---

299 Sprau, in Palandt, 77. Aufl. § 675 r, Rn. 3; Schmalenbach, in: BeckOK BGB, 46. Edition, § 675 r, Rn. 2.

300 Rösler, BKR 2009, 1, 8.

3. Betroffener Personenkreis

Anders als bei anderen Gesetzesänderungen im Finanzdienstleistungsbereich, handelt es sich bei der Zahlungsdiensterichtlinie und deren Umsetzung nicht um in erster Linie verbraucherschützende Maßnahmen. Die Vorteile des SEPA sollen sämtlichen Teilnehmern im europäischen Zahlungsverkehr zugutekommen. Dennoch soll der Verbraucher insofern geschützt werden, als dass in bestimmten Bereichen nicht zu seinen Ungunsten abgewichen werden darf.[301] Die Vorgabe findet sich in § 675 e Abs. 4 BGB wieder.

4. Informationspflichten

Auch mit der Zahlungsdiensterichtlinie wird das Informationsmodell als vorwiegendes Kundenschutzmodell weiter zementiert. Durch die Maximalharmonisierung der Richtlinie ist dem nationalen Gesetzgeber der Weg abgeschnitten, weitergehende Verbraucherschutzvorschriften zu erlassen. Sowohl Form als auch Inhalt der zu erteilenden Informationen werden detailliert in Art. 248 §§ 1 bis 16 EGBGB geregelt, auf die § 675 d Abs. 1 Satz 1 BGB verweist.

Vor Vertragsschluss ist der Kunde vom Zahlungsdiensteanbieter insbesondere über die Person des Anbieters, die Nutzung (Art und Weise) der Zahlungsdienstleistung sowie Kosten und Vertragsbeendigung zu informieren. Für die Informationserteilung darf der Dienstleister grundsätzlich kein Entgelt verlangen; das folgt aus dem Umkehrschluss aus 675 d Abs. 3 BGB. Dies ist ausnahmsweise nur dann zulässig, wenn die Informationspflichten einen über das gesetzliche Maß hinausgehenden Umfang erreichen. In diesen Fällen darf der Zahlungsdienstleister gemäß § 675 d Abs. 3 BGB eine an dem ihm entstandenen Kosten ausgerichtete Entschädigung verlangen.

Die Beweislast, dass den Informationspflichten ordnungsgemäß nachgekommen worden ist trifft nach § 675 d Abs. 2 BGB den Zahlungsdienstleister.

5. Widerruf

Der Widerruf des Zahlungsdienstevertrags ist in den §§ 675 j Abs. 2 und 675 p BGB geregelt. Gemäß § 675 j Abs. 2 BGB kann der Zahlungsauftrag solange widerrufen werden, wie die Auftragserteilung noch nicht gemäß § 675 p BGB unwiderruflich geworden ist. Gemäß § 675 p Abs. 1 BGB tritt die Unwiderruflichkeit des Auftrages nun bereits mit dem Eingang des Zahlungsauftrages beim Zahlungsdienstleister ein und damit deutlich früher als noch nach altem Recht

301 Vgl. Erwägungsgründe 21 ff. der Richtlinie.

(§ 676 a Abs. 4 BGB a. F.) Ausnahmen hiervon enthalten die Regelungen des § 675 p Abs. 2 bis 4 BGB und sind nur dann vorgesehen, wenn die Zahlung vom Zahlungsempfänger und nicht vom Zahler selbst ausgelöst wurde (Abs. 2), es sich um einen terminierten Zahlungsauftrag handelte (Abs. 3), oder wenn zwischen Zahler und Zahlungsdienstleister eine entsprechende abweichende Vereinbarung getroffen wurde (Abs. 4).[302]

6. Ausführungsfristen

Die Widerrufsfristen beim Zahlungsdienstevertrag muten auf den ersten Blick zu kurz an. Insbesondere scheint ein Widerspruch zu den übrigen Widerrufsfristen zu bestehen, die für Kunden von Finanzdienstleistungen gelten. Zeichnen sich doch andere Gesetzesänderungen dadurch aus, dass zum Schutze der Kunden gerade auch die Widerrufsfristen verlängert wurden. Hierdurch sollte den Kunden die Möglichkeit gegeben werden, Entscheidungen und Dispositionen über ihre Finanzmittel mit geringem Risiko revidieren zu können. Doch sind die Regelungen der §§ 675 j Abs. 2 und 675 p BGB im Kontext des mit der Zahlungsdiensterichtlinie verfolgten Zieles des SEPA zu sehen. Das zentrale Element des SEPA ist die Ermöglichung eines vereinheitlichten und schnellen innereuropäischen Zahlungsverkehrs. Es soll für die am Zahlungsverkehr teilnehmenden Personen zukünftig ohne Belang sein, zwischen welchen Instituten innerhalb des EWR Zahlungen veranlasst werden.[303] SEPA zeichnet sich dadurch aus, dass beispielsweise Lastschriftverfahren grenzüberschreitend ermöglicht werden und dass sich Zahler und Zahlungsempfänger sicher sein können, dass Zahlungsaufträge zeitnah abgewickelt werden.

Nach bisherigem Überweisungsrecht wurden den ausführenden Zahlungsdienstleistern ausgedehnte Zeitintervalle zugestanden, innerhalb derer der Überweisungsauftrag abgeschlossen sein musste. § 676 a Abs. 2 BGB a. F. gestand den Kreditinstituten für Überweisungen innerhalb Deutschlands zwischen ein und drei Bankgeschäftstagen und für Überweisungen innerhalb der EU/des EWR bis zu fünf Bankgeschäftstagen zu. Für Überweisungen außerhalb der EU-/EWR-Staaten sah das Gesetz gar keine Ausführungsfrist vor. Die Zahlungsdienstleister nutzten diese Zeitspannen nicht selten dafür aus, mit dem Geld zu arbeiten, was zwangsläufig zur Folge hatte, dass das Geld in dieser Zeit weder dem Zahler noch dem Zahlungsempfänger zur Verfügung stand. Je nachdem, wo

302 Sprau, in Palandt, 77. Aufl. § 675 p, Rn. 3.
303 Sprau, in Palandt, 77. Aufl., § 675 s, Rn. 2 f.

das Zahlungsziel der Überweisung lag, ist den Beteiligten somit unter Umständen ein mehr oder minder großer finanzieller Schaden entstanden.

§ 675 s BGB hebt diese Unterscheidung nach dem Ort des Zahlungsempfängers auf und bestimmt einheitliche Ausführungsfristen. Gemäß § 675 s Abs. 1 Satz 1 HS 1 BGB hat der Zahlungsdienstleister „sicherzustellen, dass der Zahlungsbetrag spätestens am Ende des auf den Zugangszeitpunkt des Zahlungsauftrags folgenden Geschäftstags beim Zahlungsdienstleister des Zahlungsempfängers eingeht". Für Zahlungen innerhalb des EWR, die nicht in Euro erfolgen, darf eine Ausführungsfrist von bis zu vier Geschäftstagen vereinbart werden. Für in Papierform erteilte Zahlungsaufträge darf die Ein-Tages-Frist um einen Tag verlängert werden.

Allerdings sieht das Gesetz für Zahlungen, die außerhalb des EWR erfolgen, Abbedingungsmöglichkeiten vor. Gemäß § 675 e Abs. 2 BGB können für solche Zahlungsaufträge auch die sehr kurzen Ausführungsbedingungen des § 675 s Abs. 1 BGB abbedungen werden.

Um sicherzustellen, dass diese auch im Interesse aller Kunden eingeführten kurzen Ausführungsfristen auch eingehalten werden können, ohne dass hierbei für die Zahlungsdienstleister und somit letztendlich auch für den Kunden erhebliche Mehrkosten entstehen, ist es zwingend erforderlich, die Widerrufsfristen anzupassen, um so in einer vertretbaren Zeitspanne für alle Beteiligten Rechtssicherheit herzustellen. Die Umsetzung der neuen kurzen Ausführungsfristen erfordert bei den Zahlungsdienstleistern eine hochgradige Automatisierung der Vertragsabwicklung.[304] In solch automatisierten technischen Prozessen ist eine Widerrufsbearbeitung nur mittels aufwendigen und somit teuren manuellen Eingriffen möglich.[305]

304 Jungmann, in: MüKo BGB, 7. Aufl., § 675 s, Rn. 1; Rösler, BKR 2009, 1, 8.
305 Rösler, BKR 2009, 1, 8.

H. Zweckmäßigkeit von Informationspflichten bei Finanzdienstleistungen und Alternativen

I. Die verschiedenen Ausprägungen von Information

Bevor über die Zweckmäßigkeit geurteilt oder eine Weiterentwicklung des Kundenschutzes bei Finanzprodukten stattfinden kann, ist es zunächst notwendig, sich Umfang und Inhalt von Informationspflichten vor Augen zu führen.

Sowohl im Gesetz als auch in der Literatur und in der Rechtsprechung werden stets die Begriffe Aufklärung, Beratung und gesetzliche Informationspflichten[306] verwandt, ohne dass diese voneinander abgegrenzt werden. Vielmehr werden die Begriffe in der Regel synonym verwendet. Eine Analyse des derzeitigen Stands des Kundenschutzes und die Herausarbeitung einer gegebenenfalls notwendigen Weiterentwicklung macht es zunächst erforderlich, die verwendeten Begriffe zu definieren und voneinander abzugrenzen. Die dem Kunden überlassenen Informationen können in gesetzliche Informationspflichten und sonstige Informationen aufgeteilt werden. Die gesetzlichen Informationspflichten unterteilen sich wiederum in Aufklärungs- und Beratungspflichten.

1. Aufklärung

Bei der Aufklärung werden dem Kunden Tatsachen lediglich übermittelt, sodass dieser die Informationen zur Kenntnis nehmen und bewerten kann. Auf diese Weise soll die naturgemäß bestehende Informationsasymmetrie zwischen Anbieter und Kunden minimiert werden.[307] Die Aufklärung muss derart gestaltet sein, dass der Aufzuklärende dadurch in die Lage versetzt wird, eine freie und eigenverantwortliche Entscheidung zu treffen. Hierbei ist der Kunde keineswegs nur über diejenigen Tatsachen aufzuklären, nach denen er verlangt. Sinn und Zweck der Aufklärung ist es, beim Kunden vorhandene Wissenslücken zu schließen. Es ist dem Kunden regelmäßig gerade nicht möglich, konkrete Informationen einzufordern, da ihm häufig jegliche Kenntnis über deren Bestehen

306 Wobei der Begriff der Informationspflichten eher im Gesetz, die Begriffe Aufklärung und Beratung eher in Literatur und Rechtsprechung vorzufinden sind. Siehe auch Lange, Informationspflichten, S. 23.

307 Lange, Informationspflichten, S. 24.

und Umfang fehlt. Er ist ja gerade aus diesem Grund aufklärungsbedürftig. Die Aufklärung des Kunden ist somit ein wesentliches Rechtsinstitut, um die Privatautonomie herzustellen bzw. zu erhalten. Die Aufklärung dient einzig und allein dem Zweck der Informationszurverfügungstellung für andere. Das Anlagerisiko, das Risiko also, dass der Kunde durch die Anlageentscheidung finanzielle Verluste hinnehmen muss, wird nicht auf den Aufklärenden verlagert. Wie bereits erörtert, gehört es gerade auch zu der Privatautonomie, dass ein Kunde sich auch auf für ihn ungünstige Geschäfte einlässt. Dieses Risiko, eine falsche Entscheidung zu treffen, bleibt richtigerweise ganz bei dem Kunden. Anlageverluste aus einer falsch getroffenen Anlageentscheidung kann der Kunde nur dann beim Finanzdienstleister in Form von Schadensersatzansprüchen geltend machen, wenn dieser trotz Aufklärungspflicht es unterlassen hat über wesentliche Tatsachen zu informieren, und dieses Unterlassen gerade zu der falschen Anlageentscheidung geführt hat.[308] Eine umfassende Aufklärung kann vom Anbieter somit dazu genutzt werden, seine Haftungsrisiken zu minimieren.

Es darf jedoch nicht übersehen werden, dass es ebenfalls zur Privatautonomie gehört, dass eine Vertragspartei ihre überlegene Position ausnutzt.[309] Bis zu einem gewissen Punkt können Ungleichheiten aus dem Gebrauch von persönlicher Freiheit resultieren und damit Ausdruck besonderer, zu respektierender Leistungsfähigkeit sein.[310] Es kann daher nicht Sinn und Zweck der Aufklärung sein, vollkommene Wissensgleichheit zwischen den Vertragsparteien zu erzwingen. Dies ist gerade bei Finanzdienstleistungen auch gar nicht möglich. Denn der Markt und die internen Zusammenhänge sind oftmals so komplex, dass es schlichtweg unmöglich ist, dem Kunden sämtliche Informationen zukommen zu lassen, die notwendig sind, um das jeweilige Produkt in seiner Gesamtheit und mit allen Wechselwirkungen zu erfassen. Die Aufklärungspflicht kann vielmehr nur dahin gehend verstanden werden, dass dem Kunden das jeweilige Produkt so beschrieben wird, dass er die grundsätzliche Funktionsweise und die wesentlichen Unterschiede zu anderen, ähnlichen Produkten erfassen kann.

2. Beratung

Die Begriffe Beratung und Aufklärung werden regelmäßig synonym verwendet.[311] Dieser Gleichsetzung ist jedoch strikt zu widersprechen. Im Gegensatz

308 Lange, Informationspflichten, S. 24.
309 Siehe etwa Hopt, Kapitalanlegerschutz, S. 415 f.
310 Vgl. etwa Köndgen, Selbstbindung, S. 125.
311 Siehe hierzu Lange, Informationspflichten, S. 25 f. m.w.N.

zur Aufklärung werden bei der Beratung nicht lediglich Tatsachen übermittelt. Als entscheidendes Merkmal kommt bei der Beratung ein wertendes Element hinzu. Bei der Beratung werden eigene Vorstellungen und Ansichten des Beraters mit geäußert.[312] Weiterhin werden verschiedene Handlungsmöglichkeiten für den Kunden aufgezeigt und mit den Informationen, die der Kunde gegeben hat in Verbindung gesetzt. Bei der Beratung werden also nicht nur Informationen lediglich übermittelt, damit sich der Kunde im nächsten Schritt sein eigenes Bild machen kann. Der Berater hat vielmehr die Pflicht, die Situation des Kunden zuerst zu erfassen und im nächsten Schritt die Produktinformationen in die Situation des Kunden zu übersetzen und konkrete Handlungsempfehlungen zu geben. Die Beratung stellt also eine an den konkreten Bedürfnissen des jeweiligen Kunden orientierte Handlungshilfe dar.[313] Hieraus ergibt sich auch, dass eine Beratung nur unter Mitwirkung des Kunden möglich ist.[314] Verweigert der Kunde Angaben zu seinen persönlichen Umständen oder erbittet er nur einen allgemeinen Rat, woraufhin der Anbieter seine persönliche Meinung kund tut, liegt kein Beratungsverhältnis vor.[315] In diesen Fällen ist der Anbieter dennoch gehalten, wahre Tatsachen mitzuteilen und seine persönliche Meinung auch als solche kenntlich zu machen.

Für die genaue Definition der Beratungspflicht ist das Bond-Urteil[316] des BGH prägend. In diesem Urteil unterteilt das Gericht die Beratungspflicht in eine anlegergerechte und eine objektgerechte Beratung. Während die anlegergerechte Beratung eine Befragung des Anlegers mit einer angeschlossenen Empfehlung zum Inhalt hat, befasst sich die objektgerechte Beratung mit der Aufklärung über das betreffende Produkt sowie die Mitteilung von mit dem Produkt verbundenen Tatsachen. Die objektgerechte Beratung kommt somit der reinen Aufklärung recht nahe, während die anlegergerechte Beratung wenig mit einer Aufklärung gemein hat.

3. Sonstige Informationen

Während sich die Aufklärung und die Beratung regelmäßig auf gesetzlich angeordnete Pflichten für die Produktanbieter beziehen, ergeben sich die sonstigen Informationspflichten aus dem konkreten Kontakt zwischen Anbieter und

312 Lange, Informationspflichten, S. 26.
313 Lange, Informationspflichten, S. 26.
314 Lange, Informationspflichten, S. 28.
315 So auch Lange, Informationspflichten, S. 28 f.
316 BGHZ 123, 126 = WM 1993, 1455.

Kunde heraus. Sonstige Informationen sind solche Informationen, zu deren Mitteilung der Anbieter grundsätzlich nicht verpflichtet ist. Wird er vom Kunden jedoch genau danach gefragt, so ist er auskunftspflichtig, er darf dem Kunden die gewünschte Information nicht verwehren.[317] Er kann den Kunden jedoch darüber aufklären, dass es ihm nicht möglich ist, die gewünschten Informationen zu erteilen. Es liegt dann in der Entscheidung des Kunden, ob er den Berater wechseln will oder auf die nachgefragten Informationen verzichtet.

II. Wirtschaftliche Bedeutung von Informationspflichten

Weiterhin müssen die Informationspflichten auch aus wirtschaftlicher Sicht gesehen werden. Informationsbeschaffung ist für den Konsumenten mit Kosten verbunden. Je komplexer das Produkt wird, desto höher sind die Beschaffungskosten. Daher ist es bei komplexeren Produkten, wie Finanzprodukten, oftmals wirtschaftlicher, wenn der Anbieter die wesentlichen Informationen liefern muss. Denn es ist davon auszugehen, dass diesem die benötigten Informationen bereits vorliegen und er sie damit anders als die Kunden nicht erst aufwendig zusammentragen muss. Denn es gibt für Kunden keine geeignete Möglichkeit, sich ohne Hilfe des Anbieters verlässliche Informationen über Finanzprodukte zu beschaffen.

III. Effektivität von Informationen

Abgesehen von dem grundsätzlichen Nutzen, den Informationspflichten für den Kunden haben können, muss dennoch jeweils auch die Frage nach der Effektivität gestellt werden.

Nicht in Frage gestellt werden soll, dass es grundsätzlich für alle am Rechtsverkehr Beteiligten wichtig ist Produkte nicht blind zu erwerben. Informationen bilden die Grundlage für jede freie Entscheidung und sind somit unerlässlich für eine mündige Teilnahme am Geschäftsverkehr.[318] Nicht nur für den Verbraucher im Speziellen, sondern für jeden am Wirtschaftsleben Teilnehmenden ist es unerlässlich zu wissen, wozu er durch ein Rechtsgeschäft verpflichtet wird und

---

317 Diese Antwortpflicht des Anbieters kann jedoch nicht schrankenlos gelten. Vielmehr muss es dem Anbieter dort möglich sein die Antwort zu verweigern, wo er etwa Betriebsgeheimnisse verrät oder sich oder dem Produkt sonst schadet, ohne dass der Kunden einen Vorteil von der Information erhält.

318 So auch Brandt, Aufklärungs- und Beratungspflichten, S. 76.

was er als Gegenleistung von seinem Gegenüber erhält. Dieses Wissen kann freilich nur durch entsprechenden Informationsaustausch erlangt werden.

Doch angesichts immer neuerer und umfangreicherer Informationspflichten stellt sich die Frage, inwieweit dem Kunden durch diese Maßnahmen tatsächlich auch geholfen werden kann. Es drängt sich geradezu der Verdacht auf, dass der durchschnittliche Kunde durch den Gesetzgeber inzwischen hoffnungslos überfordert wird und die Informationspflichten gar nicht mehr das gewünschte Ziel erreichen können.

Diese Frage kann offensichtlich nicht nur mithilfe der Rechtswissenschaften beantwortet werden. Vielmehr ist es zusätzlich erforderlich, andere Wissenschaften zu Rate zu ziehen, um mittels der dort gewonnenen Erkenntnisse die richtigen Schlussfolgerungen für zukünftiges juristisches Handeln zu ziehen. Gerade bei der vorliegenden Fragestellung nach der richtigen Ausgestaltung von Informationspflichten ist es unerlässlich zuvor abzuklären, in welcher Form die Adressaten die Informationen aufnehmen und verarbeiten können.

1. Fachübergreifende wissenschaftliche Studien

Mittlerweile liegen etliche Studien vor, die sich genau mit dem Thema der Informationsverarbeitung beim Kunden[319] beschäftigen.[320] Einige dieser Studien wurden aus Marketinggesichtspunkten heraus angestrengt, um Informationen darüber zu erhalten, welche Informationen der Kunde in welcher Zeit oder Reihenfolge aufnimmt und wann er möglicherweise nicht mehr bereit ist, noch weitere Informationen zu verarbeiten. Insbesondere für die richtige und effektive Bewerbung eines Produktes sind diese Informationen äußerst wertvoll. Die Ergebnisse können umgekehrt betrachtet jedoch auch Aufschlüsse darüber geben, wie eine effektive Kundeninformation aufgebaut sein muss, um ihren verfolgten Zweck zu erreichen. Schließlich geht es sowohl beim Produktmarketing als auch bei dem hier zu betrachtenden Ausgleich von Marktasymmetrien eben darum dem Kunden gezielt Informationen zur Verfügung zu stellen. Allerdings ist die jeweilig verfolgte Zielrichtung der Informationsbereitstellung

---

319 Wenn im Folgenden vom Konsumenten statt vom Verbraucher oder Kunden die Rede ist, so rührt dies daher, dass Informationsverarbeitung bei allen Menschen nach denselben Prinzipien abläuft. Hierbei ist eine Unterscheidung auf der Konsumentenseite nach Verbraucher und anderen Konsumenten wenig sinnvoll. Die für die Gruppe der Konsumenten erarbeiteten Ergebnisse können mithin unproblematisch für Verbraucher angewendet werden.

320 Siehe zu den einzelnen Studien weiter unten Kapitel I. Ziff. VIII.

unterschiedlich. Während beim Marketing genau mit dem Ziel gearbeitet wird, dem Kunden nur diejenigen Informationen zu präsentieren, die diesen dann veranlassen, das beworbene Produkt auch tatsächlich zu erwerben, haben die gesetzlichen Informationspflichten das Ziel, dem Kunden diejenigen Informationen an die Hand zu geben, die ihn in die Lage versetzen, Produkte objektiv zu bewerten und das für ihn geeignetste Produkt am Markt zu finden.

Vorweggenommen kann gesagt werden, dass das Gros der Studien – wenig überraschend – herausgefunden hat, dass der Kunde nicht in der Lage ist, alle ihm angebotenen Informationen aufzunehmen, zu verstehen und in der konkreten Kaufsituation richtig zu gewichten und zu bewerten. Dieses Ergebnis muss Gesetz- und Verordnungsgeber dazu veranlassen, die Wege der Informationsverarbeitung genauer zu untersuchen und die gewonnenen Ergebnisse bei der Erstellung von Pflichtenkatalogen zu berücksichtigen. Nur so kann das Ziel eines effektiven Ausgleichs von Marktasymmetrien auch erreicht werden.

(a) Information-overload

Das menschliche Gehirn ist nicht in der Lage, beliebig viele Informationen zu speichern, richtig zu bewerten und dann in der konkreten Kaufsituation auch abzurufen.[321] Verschiedene Studien die sich mit dem Zusammenhang zwischen zur Verfügung gestellten Informationen und der „Treffsicherheit" der Kunden, das für sie geeignetste Produkt zu finden, beschäftigt haben, haben ergeben, dass der Kunde nur in der Lage ist, eine begrenzte Anzahl an Informationen richtig zu verarbeiten.[322] Bis zu einem gewissen Punkt konnten die gewährten Informationen von den Kunden tatsächlich dazu genutzt werden, dasjenige Produkt ausfindig zu machen, welches den Vorstellungen am ehesten entsprach. Wurde der Informationszufluss über diesen Punkt hinaus gesteigert, so stagnierte die Treffsicherheit der Probanden zunächst, um hinterher sogar abzufallen. Dies bedeutet, dass eine Überreizung an immer mehr Informationen dazu geführt hat, dass die Kunden nicht mehr das ihren Ansprüchen am gerechtesten werdende Produkt gewählt haben, sondern ein aus ihrer Sicht eigentlich minderwertiges.[323] Dieses Ergebnis lässt sich mit den Erkenntnissen zu der Leistungsfähigkeit des menschlichen Kurzzeitgedächtnisses erklären. Das Kurzeitgedächtnis ist durchschnittlich nicht in der Lage, mehr als fünf bis sieben Informationen zu einem

321 Kind, Grenzen, S. 545; Hacker, Verhaltensökonomik, S. 118.
322 Vgl. ausführlich hierzu Hacker, Verhaltensökonomik. S. 118 ff.
323 Vgl. zum Ganzen Behrens, Konsumentenverhalten, S. 155.

Produkt aufzunehmen und zu speichern.[324] Diese Ergebnisse hat auch Hermann Berndt[325] mit einer Untersuchung zu Zigarettenwerbung belegt. In diesem Versuch ging es um die Frage, wann der Kunde die Schadstoffangaben am besten wahrnimmt. Die Probanden nahmen die Angaben zu den enthaltenen Schadstoffen in denjenigen Anzeigen weniger gut wahr, die mit einer hohen Informationsdichte gestaltet waren. Wurden sie jedoch Anzeigen mit einer relativ geringen Informationsdichte ausgesetzt, so konnten sie die Schadstoffangaben wesentlich besser aufnehmen und behalten. Berndt weist darauf hin, dass Anbieter durch eine gezielte Informationsüberlastung von den gesetzlichen Pflichtangaben, die aus Anbietersicht eher nachteilig sind, ablenken können. Die von Berndt gezogenen Schlussfolgerungen lassen sich auf die hier behandelte Fragestellung übertragen. Denn die Aufnahmefähigkeit des Gehirns hängt nicht mit dem betreffenden Produkt oder Dienstleistung zusammen.

Dieses Phänomen des information-overload können Anbieter aller Arten von Produkten für sich nutzen, indem sie die Gedächtnisleistung der Konsumenten durch eine Überreizung von Informationen und Eindrücken nahezu ausschalten und somit eine vernünftige Produktauswahl durch den Kunden verhindern oder zumindest stark erschweren. Der Kunde wird seine Entscheidung dann nicht mehr aufgrund einer Produktanalyse treffen, sondern sich von anderen Faktoren, beispielsweise dem Bekanntheitsgrad einer Marke, leiten lassen. Diese entscheidungserheblichen Faktoren müssen jedoch nicht mehr zwingend in einem Zusammenhang mit dem jeweiligen Produkt stehen. Vielmehr werden dann auch außenstehende Faktoren mit in die Entscheidungsfindung einbezogen.[326] Auf diese Art und Weise können die als Schutzmechanismus gedachten Informations-pflichten in ihr Gegenteil verkehrt werden.

Es wäre jedoch verfrüht, aus diesen Ergebnissen zu schließen, dass das beschriebene Problem durch eine einfache Verringerung der Informationspflichten behoben wäre.

(b) Subjektive Wahrnehmung von Produktinformationen

Allerdings läuft die Wahrnehmung der Kunden konträr zu den wissenschaftlichen Untersuchungsergebnissen. Obwohl wenige, ausgewählte Information

---

324 Kind, Grenzen, S. 468; vgl. auch Hacker, Verhaltensökonomik, S. 118 ff., der dort auch darauf hinweist, dass umstritten ist, wieviel Information genau im Kurzzeitgedächtnis gespeichert und verarbeitet werden kann.

325 Berndt, Der Markt 1984, 43 ff., 47.

326 Vgl. auch Hacker, Verhaltensökonomik, S. 119 f.

den Kunden eher in die Lage versetzt, das für ihn geeignetste Produkt ausfindig zu machen, so hinterlässt diese Kaufsituation bei ihm subjektiv ein schlechteres Gefühl.[327] Der Kunde hegt den Wunsch nach weiteren Informationen, in der Hoffnung hierdurch eine bessere Entscheidung treffen zu können.

Hier tritt ein entscheidender Schwachpunkt der gesetzlichen Informationspflichten zutage. Je mehr die Anbieterseite gesetzlich dazu verpflichtet wird die Kunden umfassend zu informieren, desto wohler bzw. geschützter fühlt sich jeder Einzelne auch bei der Auswahl der Produkte. Zugleich wird ihm aber auch ein Stück weit die Möglichkeit genommen, tatsächlich das für ihn geeignetste Produkt zu wählen. Den Produktanbietern steht durch geschicktes Marketing und entsprechende Gestaltung von Anzeigen und Informationsunterlagen die Möglichkeit offen, das Kundenverhalten zu beeinflussen und zu steuern. Genau dies soll jedoch durch die Informationsverpflichtungen eigentlich verhindert werden.

(c) Informationsverarbeitung

Um diese Fehlfunktion von Informationspflichten zu verhindern, ist zunächst erforderlich zu verstehen, auf welche Art und Weise der Mensch Informationen verarbeitet bzw. wie er in der konkreten Situation mit einem Überangebot an Informationen – sogenanntem Informations- stress – umgeht.

Hier müssen zunächst zwei Szenarien unterschieden werden:

a) Der Kunde will sich zunächst ohne vorgefasste Meinung über ein Produkt bzw. ein Angebot informieren.
b) Er hat bereits eine vorgefasste Meinung und erhält sodann Informationen, die der zuvor gefassten Meinung unter Umständen auch entgegenlaufen.

In dem ersten Fall geht der Kunde ab einem gewissen Punkt dazu über, die ihm angebotenen Informationen nur noch selektiv zu verwerten. Bei diesem Vorgehen werden die Informationen nicht gemäß ihrem tatsächlichen Bedeutungsinhalt bewertet. Der Kunde stellt vielmehr seine eigenen Kriterien auf, nach denen er die zur Verfügung gestellten Informationen filtert und bewertet.[328] Hierbei wird häufig so vorgegangen, dass nach bestimmten Schlüsselinformationen (Reizwörtern) gefiltert wird.[329] Diese Reizwörter können sich aus ganz unterschiedlichen Motivationen heraus ergeben, etwa danach, ob zu dem einen oder

327 Berndt, Konsumentenentscheidung, S. 217 f.
328 Hacker, Verhaltensökonomik, S. 120.
329 Behrens, Konsumentenverhalten, S. 257 f.

anderen Thema bereits eine Vorbefassung stattgefunden hat oder ob die Informationen etwa mit aktuellen Ereignissen in Verbindung stehen. Steht der Kunde gefühlt oder tatsächlich unter Zeitdruck, so beschleunigt sich dieses Verfahren der Informationsrationalisierung.[330] Zudem neigt er in solchen Stresssituationen dazu, dass er anfängt seine Umwelt gemäß seinen Vorstellungen zu manipulieren, anstatt durch eine nüchterne Bewertung der Informationen Ungewissheiten auszuschließen.[331]

Wenn der Kunde bereits eine vorgefasste Meinung zu einem Produkt hat, so wird es nur schwer gelingen, ihn durch Zurverfügungstellung von Informationsunmengen von dem Gegenteil zu überzeugen.[332] Diesen Zustand, in dem bereits vorhandene Bewusstseinsinhalte mit neu hinzukommenden Informationen im Widerspruch stehen, nennt man kognitive Dissonanz. Aus psychologischer Sicht beschreibt dieser Zustand der kognitiven Dissonanz den Umstand, den jemand erlebt, nachdem er eine Entscheidung getroffen hat, eine Handlung begangen hat oder einer Information ausgesetzt wurde, die zu seiner vorherigen Meinung, Gefühlen oder Werten im Widerspruch steht.[333]

Der Mensch reagiert mit Strategien, um diesen inneren Konflikt zu beseitigen.

So gern der Kunde möglichst viele Informationen zu dem jeweiligen Produkt abruft, so besteht doch bei jeder weiteren Information die Gefahr, dass sich aus der neu gewonnenen Erkenntnis Dissonanzen ergeben. Es ist zu beobachten, dass der Mensch nur dann bereit ist, diese neuen Informationen sachgerecht zu bewerten und zu verarbeiten, wenn er sich verspricht, hierdurch tatsächlich zu einer besseren Entscheidungsfindung zu gelangen.[334] In den übrigen Fällen ist festzustellen, dass verschiedenste Methoden angewendet werden, um die Dissonanzen schnell zu beseitigen oder erst gar nicht entstehen zu lassen. Der Mensch neigt dazu, Unsicherheiten dadurch zu vermeiden, dass er Informationen, die seinen persönlichen Vorstellungen zuwider laufen, erst gar nicht richtig aufnimmt.[335] Auch werden widersprüchliche Informationen so uminterpretiert, dass sie letztlich widerspruchsfrei zur eigenen Meinung stehen.[336] Schließlich

330 Behrens, Konsumentenverhalten, S. 157 f.
331 Berndt, Konsumentscheidung, S. 135 ff.
332 Hacker, Verhaltensökonomik, S. 123.
333 Kind, Grenzen, S. 474.
334 Früh, Lesen, S. 217; Kind, Grenzen, S. 477.
335 Kind, Grenzen, S. 476.
336 Kind, Grenzen, S. 476; Bebié, Käuferverhalten, S. 471; Behrens, Konsumentenverhalten, S. 109.

lassen sich kognitive Dissonanzen vor der Kaufentscheidung auch dadurch vermeiden, dass der Konsument sich zu einem schnellen Impulskauf entscheidet, ohne weitere Informationen abzurufen.[337]

(d) Theorie des wahrgenommenen Risikos

Vor allem im Bereich der sich auf Finanzprodukte beziehenden Informationspflichten wird zu deren Legitimation immer wieder angeführt, dass die Höhe der mit Vertragsschluss eingegangenen Verpflichtungen und des Risikos es rechtfertigen würden, dass den Anbietern umfangreiche Informationspflichten auferlegt werden.

Diese Begründung hört sich zunächst einmal schlüssig an und der Leser ist geneigt, dem vorbehaltlos zuzustimmen. Doch auch hier ist nachzuprüfen, ob sich diese Annahme mit dem tatsächlichen Kundenverhalten in Einklang bringen lässt.

Studien haben ergeben, dass der Mensch bei Geschäften mit einem gefühlten hohen Risiko zu risikovermindernden Strategien greift, wie dies schon beim information-overload und den kognitiven Dissonanzen festzustellen war.[338] Steigt das mit dem jeweiligen Geschäft verbundene Risiko aus Kundensicht an, so ist dieser bemüht mehr Informationen über ein Produkt zu erhalten in der Absicht, dadurch das persönliche Risiko auszuschalten oder zumindest zu mindern. Es handelt sich um eine risikovermindernde Strategie.[339] Allerdings steigt das Informationsbedürfnis des Kunden nicht unendlich an. Im Wege einer Kosten-Nutzen-Analyse muss der Kunde immer wieder abwägen, ob sich eine weitere Informations-verschaffung noch lohnt.[340] Dies führt dazu, dass er ab einer gewissen Risikostufe aufhört, weitere Informationen zu sammeln.[341] Ein weiterer Informationsfluss hätte zu Folge, dass der Kunde zu einer Spezialisierung gezwungen wäre.[342] Es ist leicht nachzuvollziehen, dass ein solcher Weg nur in absoluten Ausnahmefällen gegangen werden und keinesfalls als Standardmodell dienen kann.

---

337 Früh, Lesen, S. 217.
338 Bebié, Käuferverhalten, S. 179.
339 Kind, Grenzen, S. 480; Bebié, Käuferverhalten, S. 179.
340 Kind, Grenzen, S. 483; Kuß, Käuferverhalten, S. 147 m.w.N.
341 Silberer, in: Meffert/Steffenhagen/Freter, S. 85 ff., 96.
342 Kuß, Käuferverhalten, S. 147 m.w.N.

Gerade in dem hier behandelten Bereich der Finanzdienstleistungen würde der Durchschnittskunde regelmäßig schnell an diese Grenze kommen, ab der ein weiterer Informationsfluss nicht verarbeitet werden kann.

2. Vermittlung von Informationen

Doch nicht nur der Informationsinhalt ist entscheidend für die geistige Verarbeitung von Informationen. Vielmehr sind eine Reihe weiterer Faktoren ausschlaggebend dafür, ob und wie eine präsentierte Information geistig verarbeitet wird. Auch die Art und Weise der Darbietung ist für die richtige Wahrnehmbarkeit entscheidend. Die Informationen müssen insbesondere auch übersichtlich und leicht verständlich dargeboten werden.

Darüber hinaus ist auch die Art und Weise der persönlichen Kommunikation zwischen Anbieter und Kunde entscheidend dafür, ob sich der Kunde letztendlich für oder gegen einen Erwerb des Produktes entscheidet. Ein geschickter Verkäufer hat trotz aller Informationspflichten die Möglichkeit, den Kunden in seinem Interesse zu beeinflussen. So wirken sich vor allem die Art und Weise der persönlichen Kommunikation, das etwaige Erzeugen eines künstlichen Zeitdrucks oder die Verwendung anderer Stimuli zum Teil erheblich auf die Kundenentscheidung aus.[343]

IV. Zwischenergebnis

Weniger ist meistens mehr. Mit diesem altbewährten Sprichwort lassen sich die oben beschriebenen Untersuchungsergebnisse treffend zusammenfassen. Wesentlicher Aspekt der Informationsverarbeitung ist die persönliche Grundeinstellung zu dem betreffenden Produkt. Ein gut vorinformierter Kunde hat bereits vor der konkreten Erwerbssituation eine eigene Meinung. Um den Kunden jedoch vor einem nicht zu bewältigenden Überfluss an Informationen zu schützen, ist es wesentlich, dass die Regelungen zum Abbau von Informationsasymmetrien auf einer langfristigen soliden Informationspolitik aufbauen, die den Kunden auch losgelöst von einer konkreten Kaufsituation informiert. Genau hier liegt die grundlegende Schwachstelle der aktuell praktizierten Kundenschutzmodelle. Der Kunde wird immer kurz vor oder erst während der Erwerbssituation mit den Produktinformationen konfrontiert. Daher hat er nicht viel Gelegenheit, die Informationen auch angemessen zu bewerten und zu sortieren. Zudem ist er den durch den Anbieter gestalteten Informationen ausgesetzt.

343 Kind, Grenzen, S. 484.

Dies kann sich der Produktanbieter wiederum durch eine geschickte Platzierung der jeweiligen Information sowie die Gestaltung der Informationsunterlagen zu Nutze machen. Auch hegt der Kunde dann verstärkt das Bedürfnis, immer mehr Informationen sammeln zu wollen, was ihm objektiv betrachtet jedoch auch nicht hilft.

Ein weitaus wirkungsvollerer Ansatz des Kundenschutzes ist daher in der Ausbildung der Kunden zu sehen. Bereits in jungen Jahren sollte damit begonnen werden, dass die Menschen sich intensiv und unabhängig von konkreten Bedürfnissen oder Verkaufssituationen mit den wesentlichen Fragen des Alltags beschäftigen. Gerade bei Finanzdienstleistungen ist solch eine grundlegende Ausbildung unerlässlich. Nur wer den Wirtschafts- und Finanzmarkt in seinen Grundzügen verstanden hat, der kann auf Grundlage dieses Wissens nach für sich geeigneten Produkten suchen. Eine solide Vorbildung erleichtert zudem nicht nur dem Kunden die Suche nach geeigneten Produkten. Auch den Produktanbietern würde in vielen Fällen die Arbeit erleichtert:

1. Der geschulte Kunde kennt die wesentliche Funktionsweise der unterschiedlichen Finanzprodukte und kann daher selber erkennen, ob ein angebotenes Produkt für ihn grundsätzlich lohnend ist.
2. Die häufig aus Unsicherheit heraus entstehende ablehnende Haltung gegenüber dem Produktanbieter würde geringer werden.
3. Schlecht ausgebildete oder unseriöse Anbieter hätten es am Markt schwerer, da sich gut vorinformierte Kunden eher durch gut vorbereitete produktspezifische Informationen überzeugen lassen als durch oberflächliche antrainierte Verkaufsgespräche.

Auch der EuGH hat sich dahin gehend eingelassen, dass aus seiner Sicht das Informationsmodell im Bereich der Finanzdienstleistungen nicht zwangsläufig zielführend sein muss. Im Wesentlichen hat der Gerichtshof zu diesem Thema in den drei grundlegenden Entscheidungen Versicherungsurteil[344], Parodi[345] und Einlagensicherungsurteil[346], Stellung bezogen.

Der EuGH weist in diesen Urteilen übereinstimmend darauf hin, dass das Schutzniveau bei Finanzdienstleistungen häufig nicht mit demjenigen bei

344 EuGH v. 4. Dezember 1986, Kommission/Bundesrepublik Deutschland, Rs. 205/84, Slg. 1986, 3755 ff.

345 EuGH v. 9. Juli 1997, Société civile immobilière Parodi/Banque H. Albert de Bary et Cie, Rs. C-222/95, Slg. 1997, I-3899 ff.

346 EuGH v. 13. Mai 1997, Bundesrepublik Deutschland/Europäisches Parlament und Rat, Rs. C-233 / 94, Slg. 1997, I-2405 ff.

anderen Produkten verglichen werden kann. Während der Konsument bei dem Erwerb von Produkten des täglichen Bedarfs seine Kaufentscheidung häufig auf Grundlage des bei vorangegangenen gleichen Erwerbsvorgängen erworbenen Wissens tätigt, so ist dies bei Finanzprodukten oftmals nicht der Fall. Eine Vielzahl von Verträgen über Finanzprodukte wird regelmäßig nur einmal im Leben geschlossen oder aber es ist dem Verbraucher nicht möglich den Vertrag abzuändern, wenn er feststellt, dass das Produkt an sich nicht zu seinen Bedürfnissen passt.

V. Weitere Aspekte der Informationspflichten

Auch wenn, wie soeben dargelegt, die Informationspflichten nicht zwingend einen direkten Vorteil für den Kunden mit sich bringen, so ist dennoch ein indirekter Einfluss auf die Produktgestaltung denkbar. Als Beispiel für eine solche Einflussnahme führt Daniel Padberg die Kennzeichnungspflicht von Lebensmitteln in den USA an.[347] Diese Kennzeichnungspflicht sollte die Entscheidungssouveränität auf der Kundenseite dadurch ermöglichen, dass die Kunden durch ein klares und leichtverständliches Kennzeichnungssystem die für sie beste Produktwahl treffen können. Die Studie ergab zwar, dass die Kunden die neue Kennzeichnung durchaus befürworteten, sie gaben aber gleichzeitig auch an, dass die Kennzeichnung im Wesentlichen nicht mit in die Produktwahl einfließen würde. Vielmehr war für die meisten Kunden das Gefühl ausreichend, das mit der Kennzeichnungspflicht einherging. Bemerkenswert ist die Tatsache, dass sich die Qualität der angebotenen Produkte in der Folgezeit jedoch verbesserte.[348] Kundeninformation wirkt sich also nicht nur auf das Verhalten des geschützten Personenkreises aus. Offensichtlich kann eine solche Verpflichtung sich auch auf das Anbieterverhalten auswirken. Ob sich hieraus jedoch die allgemeine Erkenntnis ableiten lässt, dass dieser Nebeneffekt grundsätzlich bei Informationspflichten auftritt und mithin als feste Konstante in die der Verordnung von Informationspflichten zugrundeliegende Kosten-Nutzen-Rechnung mit einzubeziehen ist,[349] bleibt zweifelhaft. Zu unterschiedlich sind die einzelnen Produktkonstruktionen. Zudem ist nicht sichergestellt, dass die Anbieter die Produkte an anderer Stelle nicht doch verschlechtern, sodass unter einer glänzenden Oberfläche gewissermaßen ein fauler Kern sitzt. Gerade bei Finanzleistungsprodukten

347 Padberg, JcP 1977, S. 5 ff.
348 Padberg, JcP 1977, S. 5 ff.
349 Gilles, Direktmarketing, Rn. 289.

kann der Kunde oftmals gar nicht erkennen, wo die wesentlichen Bestandteile des Produktes zu finden sind.

Auch in eine andere – völlig falsche – Richtung ist ein Ausstrahlen der Informationspflichten denkbar. Durch immer neue Informationspflichten in allen möglichen Lebensbereichen kann sich auf Kundenseite eine trügerische Sicherheit einstellen, wenn diese davon ausgehen, dass alleine die Pflicht zur Informationsgewährung schon einen Schutz vor ungünstigen Produkten darstellt.[350] Durch eine solche Einstellung verlieren die Kunden früher oder später ihre gesunde Skepsis und lassen sich womöglich zum Erwerb von Produkten hinreißen, die für sie negativ sind. Es muss stets klar im Vordergrund stehen, dass die Informationspflichten nur eine Hilfestellung bei der richtigen Bewertung der Produkte sein können. Eine Aussage über die Produktqualität an sich geht hiervon noch nicht aus.

VI. Informationspflichten aus Sicht der Verpflichteten

Bei aller Legitimation für Kunden- bzw. Verbraucherschutz dürfen aus volkswirtschaftlicher Sicht nicht die Belange der Produzenten aus dem Auge verloren werden. Die zu leistenden Informationspflichten müssen in einem gesunden Verhältnis zu den Produktionskosten und dem erzielten Gewinn stehen. Andernfalls drohen einzelne Anbieter vom Markt zu verschwinden. Dies würde die dem Kunden zur Verfügung stehende Angebotspalette stark einschränken und es kann auch nicht vorher abgesehen werden, ob Anbieter mit vorteilhaften oder nachteilhaften Produkten aus dem Markt gedrängt werden. Es besteht das Risiko, dass der Kunde am Ende nicht nur weniger Auswahl zur Verfügung hat, sondern auch eine qualitativ schlechtere. Dieses Ergebnis würde dem Ziel der Informationspflichten entgegenwirken.

Allerdings haben auch die Anbieter von Finanzprodukten ein Interesse an informierten Kunden. Zu große Informationsdefizite der Kunden führen dazu, dass diese nicht mehr zwischen hochwertigen und minderwertigen Finanzprodukten unterscheiden können. Ist dies nicht mehr möglich, so orientieren sie sich schließlich nur noch am Preis des Produktes und machen diesen zum ausschlaggebenden Kaufkriterium. Da sich Produkte niederer Qualität oftmals billiger anbieten lassen, werden sich diese mittel- bis langfristig am Markt durchsetzen und die qualitativ hochwertigeren Produkte vom Markt verdrängen und das obwohl es grundsätzlich eine Nachfrage nach hochwertigen Produkten

350 Kind Grenzen, S. 500.

gäbe. Diese können vom Kunden aufgrund des Informationsdefizits nicht mehr erkannt werden. Da Finanzprodukte von niedriger Qualität jedoch die lebenswichtigen Funktionen der Kapitalmärkte, das Einsammeln und gezielte und gewinnbringende Verteilen von Kapital, alleine nicht erfüllen können, drohen die Kapitalmärkte über kurz oder lang erheblichen Schaden zu nehmen, da die Erwartungen der Kunden durch die minderwertigen Produkte auf Dauer nicht annähernd erfüllt werden, was zu einem stetig steigenden Vertrauensverlust, dadurch schwindende Kapitalströme und schließlich zu einem Marktversagen führt.[351]

Dieser Prozess des informationsbedingten Marktzusammenbruchs wurde zuerst von George Akerlof am Beispiel des Gebrauchtwagenmarktes aufgezeigt und untersucht.[352] Das sogenannte Modell des „Market for Lemons“ lässt sich auch auf die Kapitalmärkte übertragen.[353] Mit diesem Modell beschreibt Akerlof, dass ein Käufer ohne vorvertragliche Informationen die Qualität eines Produktes nicht kennen und daher auch keine optimale Kaufentscheidung treffen kann.[354] Im Englischen ist „lemons“ der umgangssprachliche Begriff für sog. Montagsautos, Fahrzeuge mit andauernden technischen Problemen. Der Käufer weiß bei einem solchen Fahrzeug nicht, wieviel Geld er noch in Reparaturen investieren muss, weshalb er nur bereit ist, einen geringeren Kaufpreis zu zahlen. Wenn dem Käufer nun vor Vertragsschluss nicht ausreichend Informationen zur Verfügung stehen, so nimmt er an, dass er unter Umständen eine solche „lemon“ erwirbt, weshalb er nicht bereit ist, einen hohen Kaufpreis zu zahlen. Anbieter guter Autos, die einen höheren Preis für ihre Fahrzeuge verlangen können und müssen, bekommen diese nicht mehr verkauft. Sie verschwinden daher vom Markt.[355]

VII. Fazit

Bevor den tatsächlichen und gefühlten Marktasymmetrien mit immer neuen Informationspflichten zum Schutze der Kunden begegnet wird, müssen zunächst die Folgen solcher Regelungen von allen Seiten betrachtet und beleuchtet

---

351 Vgl. Auch Brandt, Aufklärungs- und Beratungspflichten, S. 53.

352 Akerlof, in: The Qurterly Journal of Economics, Vol. 84 1970, S. 488 ff.

353 Vgl. Randow, ZBB 1995, S. 140, 143.; speziell zum Versicherungsrecht Fritsch/Wein/Evers, Marktversagen, S. 217 f.

354 https://de.wikipedia.org/wiki/The_Market_for_Lemons, zuletzt abgerufen am 12. Juli 2018.

355 Ebenda.

werden. Wie gesehen, neigt der Mensch dazu, nicht alle ihm angebotenen Informationen auch in dem gewünschten Maße aufzunehmen und die objektiv richtigen Schlüsse zu ziehen.

Ein Übermaß an Information kann sich auch leicht ins Gegenteil der ursprünglichen Zielrichtung verkehren. Der Kunde nimmt die ihm angebotenen Informationen nur noch selektiv auf oder fühlt sich gar zu Kurzschlusshandlungen gedrängt. Wie die Untersuchungen zur Vermeidung kognitiver Dissonanzen vor der Kaufentscheidung zutage gefördert haben, ist ein wesentliches Kriterium, nach dem der Kunde die ihm angebotenen Informationen auswählt, seine vorgefasste Meinung. Genau hierin kann jedoch ein Ansatzpunkt für einen wirkungsvollen Kundenschutz gesehen werden.

I. Neuer Ansatz

I. Erstarken der Allfinanzunternehmen

Insbesondere ein an den Finanzmärkten zu beobachtender immer stärker werdender Trend macht eine Neuausrichtung der Schutzmechanismen für grundsätzlich alle Kunden von Finanzdienstleistungen notwendig: die zunehmende Erstarkung von Allfinanzunternehmen. Der originäre Anlageberater ist zumeist im Auftrag eines Kreditinstitutes tätig. Ein Allfinanzdienstleister hingegen ist dadurch charakterisiert, dass er bzw. sein Vertrieb losgelöst von dem jeweils konkreten Produktanbieter eine Reihe unterschiedlichster Finanzdienstleistungen quasi „aus einer Hand“ anbietet.

Die stetig wachsende Zahl der Allfinanzunternehmen und -vertrieben hat die Landschaft des Kapitalmarktes nachhaltig verändert. Längst werden Anlageprodukte nicht mehr nur am Bankschalter verkauft. Auch der Beruf des reinen Versicherungsvertreters oder reinen Bankangestellten rückt immer weiter in den Hintergrund. Neue Berufe, wie die des Vermögensberaters, sind entstanden und rücken zunehmend in den Blickpunkt des Geschehens.

Im Rahmen der Allfinanz-Geschäftsstrategie arbeiten die verschiedenen Anbieter von Bank-, Investment- und Versicherungsprodukten in Kooperationen zusammen.[356] Diese Form der Zusammenarbeit hat für die Unternehmen entscheidende Vorteile: Durch Synergieeffekte können Kosten eingespart werden.[357] Die ganzheitliche Betreuung des Kunden verschafft den Allfinanzunternehmen zudem einen umfassenden Überblick über die jeweilige Finanzsituation des Kunden. So ist dem Allfinanzdienstleister bekannt, über wieviel zusätzliche Geldmittel sein Kunde in einem bestimmten Zeitraum etwa durch freiwerdende Kapitallebensversicherungen oder Festgelder verfügt. Er kann diesen so gezielt über Neuanlagemöglichkeiten beraten. Außerdem ist es Allfinanzunternehmen aufgrund ihrer umfassenden Ausrichtung leichter möglich, neuartige Kombinationsprodukte anzubieten, die nicht mehr eindeutig einem klassischen Vertriebsbereich zugeordnet werden können.

Diese Entwicklung muss sich zweifelsfrei auch auf die kundenschützenden Vorschriften, insbesondere die Informationspflichten auswirken und vom Gesetzgeber berücksichtigt werden. Die Tatsache, dass die einzelnen

356 https://de.wikipedia.org/wiki/Allfinanz, abgerufen am 29. September 2015.

357 Kilian/Scheja, Allfinanzkonzern, BB-Beilage 2002, Nr. 3, S. 19, 21.

Finanzprodukte und -dienstleistungen zunehmend nicht mehr losgelöst voneinander betrachtet werden können, sondern vielmehr miteinander verschmelzen und teilweise in neuartigen Produkten aufgehen, führt dazu, dass die unterschiedlichen Dienstleistungen auch in Bezug auf die zu erbringenden Informationspflichten nicht mehr getrennt voneinander gesehen werden dürfen. Vielmehr muss geprüft werden, inwieweit das bestehende System der Informationspflichten und Kundenschutzvorschriften neu aufgestellt werden sollte, sodass den soeben beschriebenen neuen Marktbedingungen in ausreichendem Maß Rechnung getragen werden kann.

Diese Überprüfung des Systems ist nicht nur aus Kundenschutzgesichtspunkten geboten. Auch den Finanzdienstleistern wird einiges abverlangt, wenn sie bei ihrer täglichen Arbeit unterschiedliche Rechtsgrundlagen berücksichtigen müssen, obwohl die Grenzen zwischen den Produkten nicht immer offensichtlich sind. Dies verursacht auch unnötige Kosten, die letztendlich vom Kunden getragen werden.

II. Notwendigkeit geänderter Schutzmaßnahmen

Die zunehmende Bedeutung von Allfinanzvertrieben hat zur Folge, dass Grenzen zwischen den Vermittlergruppen immer mehr verschwimmen und Vermittler immer öfter Investment-, Altersvorsorge-, Kredit- und Versicherungsprodukte zusammen vertreiben. Hier sind integrierte Lösungen gefragt. Bisher verfolgten sowohl der deutsche als auch der europäische Gesetzgeber jedoch weiterhin sektorale Regelungen.

Hinzu kommt, dass der durchschnittliche Kunde heute nicht in der Lage ist, sich selbstständig auf den Finanzmärkten zurecht zu finden.

Zum Auftakt ihrer Bestrebungen, das Finanzwissen der Kunden zu stärken führt die Kommission der Europäischen Union Studien aus verschiedenen Ländern an, die ein erschreckendes Bild zeichnen und schnell erahnen lassen, wozu die am Markt herrschenden Informationsasymmetrien führen, wenn nicht steuernd eingegriffen wird.[358] Das rasante Tempo, welches die nationalen und internationalen Kapitalmärkte vorlegen, führt zu einer stetig wachsenden Produktvielfalt, die (nicht nur) die Kunden schon längst nicht mehr überblicken können. Hinzu kommt der Umstand, dass die Kunden die Informationsasymmetrien häufig nicht erkennen – sie halten sich teilweise sogar für gut

358 Siehe etwa Mitteilung der Kommission „Vermittlung von Finanzwissen", KOM(2007) 808 endg. vom 18. Dezember 2007.

informiert – und deshalb auch keinerlei Veranlassung sehen, sich fortzubilden.[359] Es ist auch festzustellen, dass die Gefahren der Finanzmärkte nicht zwangsläufig, aber dennoch spürbar mit der Bildung der Kunden korrelieren.[360]

III. Informationskosten

Informationsbeschaffung ist stets mit Kosten verbunden. Der Kostenbegriff umfasst in diesem Zusammenhang zum einen die monetären Aufwendungen, die mit der Informationstätigkeit verbunden sind, daneben sind aber auch nicht finanzielle Belastungen, wie etwa Zeitaufwand, besondere fachliche Kenntnisse, die sich der Informationssuchende zuvor mühsam aneignen muss, oder sonstige mit der Datensuche und Auswertung verbundene Belastungen zu berücksichtigen, die aus Sicht des Anlegers in die Gesamtabwägung von Aufwand und Nutzen einer Informationssuche einfließen. Die finanziellen Kosten (z. B. Kauf von Fachliteratur) treten gegenüber diesen zeitlichen und intellektuellen Belastungen der Informationssuche und -auswertung eher in den Hintergrund.[361] Ein erfolgreicher Abbau von Informationsasymmetrien kann daher nur dann gelingen, wenn die Kosten zwischen den Marktteilnehmern so aufgeteilt werden, dass die Gesamtkostenbelastung im Ergebnis ein vertretbares Maß nicht überschreitet. Kein Kunde wird um jeden Preis versuchen, das optimale Angebot zu finden. Vielmehr werden die Kunden ihre Suche spätestens dann beenden, wenn die Kosten der Informationsbeschaffung den – eventuell auch nur gefühlten – Nutzen der Anlage übersteigen.[362] Somit neigt ein Markt umso eher zum

---

359 Die Kommission führt hier einige deutliche Beispiele auf: 70 % der Befragten einer ungarischen Studie wussten nicht, was Inflation ist (Vortrag Gecser, 8 steps to teach young Hungarians to use their money in a smart way, Konferenz Finanzielle Allgemeinbildung verbessern, Brüssel, 28. März 2007); Studien in Amerika und Australien ergaben, dass die Mehrzahl der Kunden zwar angab, sich gut in Finanzgeschäften auszukennen, wurden sie jedoch getestet, so ergab sich ein völlig anderes Bild (Mandell, Personal Finance Survey of High School Seniors, The Jumpstart Coalition for Personal Financial Literacy, 2004 und ANZ Banking Group, Erhebung über die finanzielle Bildung bei Erwachsenen in Australien, 2006).

360 Nieri, Access to Credit: the difficulties of Households, New Frontiers in Banking services: Emergin Needs and Tailored Products for Untapped Markets, eine Studie unter Bürgern mit niedrigen Einkommen in Frankreich, Spanien und Italien ergab, dass diese Kundengruppe weder auf Kostenunterschiede oder Unterschiede bei den Geschäftsbedingungen achtete, noch in der Lage war, diese einzuschätzen.

361 Brandt, Aufklärungs- und Beratungspflichten, S. 56, Fn. 164.

362 So auch Assmann, Prospekthaftung, S. 280; Brandt, Aufklärungs- und Beratungspflichten, S. 56.

Ausgleich von Informationsasymmetrien, je geringer die Beschaffungskosten für die Kunden sind.

Gesetzliche Informationspflichten können also keinesfalls ein Allheilmittel sein, denn sie führen nicht zwangsläufig dazu, dass die für ein Produkt aufzubringenden Kosten für den Kunden in jedem Fall geringer werden. Denn die Umsetzung von gesetzlichen Informationspflichten ist auf der Anbieterseite ebenfalls mit Kosten verbunden.[363] Diese Mehrkosten werden im Rahmen der Kostenkalkulationen der Anbieter in die Produktkosten eingerechnet und verteuern somit die Produkte. Die Kunden erfahren durch dieses Vorgehen nur dann einen Mehrwert, wenn die Informationsbereitstellung durch den Anbieter im Ergebnis trotzdem günstiger ist als die selbstständige Informationsbeschaffung. Dies wird oftmals der Fall sein, da es dem Produktanbieter regelmäßig ein Leichtes sein wird, das eigene Produkt zu erklären. Dennoch ist es offensichtlich, dass auch trotz dieses Vorteils die Kosten für die Informationsbereitstellung im Verhältnis zur Rendite des Produktes so erheblich sein können, dass sich einzelne Produkte für die Kunden nicht mehr lohnen. Insbesondere fallen bei dem Finanzdienstleister Kosten für die optische Aufbereitung und physische Zurverfügungstellung der Informationen an.

Auf Basis der erwähnten wirtschaftlichen Effizienz von Informationen wird bei der Schaffung neuer Informationspflichten häufig darauf geachtet, dass demjenigen die Informationsbeschaffung auferlegt wird, der diese Aufgabe am kostengünstigsten erfüllen kann.[364]

Insbesondere in der Literatur wird der wirtschaftliche Denkansatz kritisiert und zum Teil vehement abgelehnt.[365] Kritisiert wird hier in erster Linie, dass ein rechtspolitisches System, mit dem vorwiegend soziale Schutzbedürfnisse und gesellschaftliche Gerechtigkeitsprobleme gelöst werden sollen, nicht einer wirtschaftlichen Kostenminimierung zu unterwerfen ist. Es ließe sich nicht vermeiden, dass zur Lösung dieser Marktasymmetrien nicht immer der kostengünstigste Weg gegangen werden kann.[366]

---

363 Zu diesen Kosten zählen etwa: Das Entwickeln und Bereitstellen von Produktblättern, Schulung des Vertriebes, erhöhter Verwaltungsaufwand durch Dokumentationspflichten.

364 Lehmann, NJW 1981, 1233, 1239 f.; Brandt. Aufklärungs- und Beratungspflichten, S. 71; Breidenbach, Informationspflichten, S. 41 ff.

365 Siehe hierzu etwa Breidenbach, Informationspflichten, S. 52 f.; Fezer, JZ 1986, S. 817 ff.; ders. JZ 1988, S. 223 ff.

366 Breidenbach, Informationspflichten, S. 52 f.; Fezer, JZ 1986, S. 817 ff.

Gerade bei den Marktasymmetrien auf den Finanzmärkten lässt sich eine Kostenbewertung ohnehin nicht so pauschal abgeben, wie es mancher Autor oder auch der Gesetzgeber Glauben machen möchte. Fehlentscheidungen der Kunden auf diesem Gebiet können auf langfristige Sicht erhebliche Kosten auch für die Solidargemeinschaft verursachen, wohingegen die Kosten für die Erfüllung der Informationspflichten im Verhältnis marginal sein können. Insbesondere sei in dem Zusammenhang darauf hingewiesen, dass eine falsche Geldanlage das Aus für die gesamte private Altersvorsorge bedeuten kann. Dies wiederum hat für die Betroffenen finanzielle Einschnitte bis hin zur Altersarmut zur Folge, die die Gemeinschaft und vor allem den Betroffenen wesentlich teurer zu stehen kommt, als geringfügige Mehrkosten bei der Informationsbeschaffung vor Vertragsschluss.

Das Effizienz-Kriterium der ökonomischen Rechtsanalyse kann daher nicht alleine über die Zuweisung von Informationsverantwortung durch die Rechtsordnung entscheiden. Hinzutreten müssen andere, vor allem soziale, aber auch allgemein rechtsstaatliche Kriterien, wie beispielsweise das Informations- und Schutzbedürfnis des Anlegers.[367]

Gerade deshalb sollten die in der jüngeren Vergangenheit angedachten neuen Wege, die einen Ausgleich der Informationsasymmetrien zum Ziel haben, weiter beschritten werden.

Ohne einen Anspruch auf Vollständigkeit zu erheben, werden im Folgenden Ansatzpunkte herausgearbeitet, die dazu geeignet sind, Informationsasymmetrien bei möglichst geringen Kosten für den Kunden zu beseitigen.

IV. Neufestlegung des zu schützenden Personenkreises

Um dieses Ziel zu erreichen, ist es zunächst einmal erforderlich, den genau zu schützenden Personenkreis herauszuarbeiten.

Im Verlauf der vorliegenden Arbeit konnte aufgezeigt werden, dass die aktuell vom Verbraucherschutz, Versichertenschutz oder auch Privatkundenschutz[368] erfassten Personengruppen nicht identisch sind. Die aktuelle Rechtslage hat sich zu einem Insel-Verbraucherschutz entwickelt. Dies mag in gewissen Situationen durchaus Sinn ergeben. So erscheint es einleuchtend, dass sich der Umfang der Schutzrechte danach bemisst, welchem Risiko sich der Konsument mit dem jeweiligen Geschäftsabschluss aussetzt. Nicht einleuchtend ist hingegen, warum

367 Brandt, Aufklärungs- und Beratungspflichten, S. 72.

368 Dieser Begriff wird bisher fast ausschließlich im Bereich des Bankrechts verwendet.

sich die Schutzbereiche auch im Bereich der Finanzdienstleistungen unterscheiden – und das zum Teil erheblich. Gerade im Zusammenhang mit dem stetigen Erstarken von Allfinanzunternehmen wirkt eine solche unterschiedliche Behandlung geradezu kontraproduktiv und fehlerträchtig. Die einzelnen Finanzprodukte und Finanzdienstleistungen werden immer mehr zu neuartigen Produkten miteinander verbunden und verwoben. Es gibt keine klaren Regelungen, nach welchen Kriterien die jeweiligen Schutzvorschriften zur Anwendung kommen sollen.

Auch erscheint es wenig hilfreich und in keiner Weise zielführend, wenn immer wieder neue spezialgesetzliche Vorschriften geschaffen werden. Erstens ist dies mit einer immer undurchschaubaren Flut an Spezialregelungen und dadurch bedingt höheren Produktkosten auf Seiten der Anbieter verbunden, die selbstverständlich an den Kunden durchgereicht werden. Auf der anderen Seite entstehen hierdurch möglicherweise Zeitfenster der Ungewissheit, solange bis wieder neue Regelungen geschaffen bzw. bestehende Regelungen an die neuen Produkte angepasst wurden.

Es erscheint angebracht, dass die Informationsrechte zunächst einmal grundsätzlich für jeden Kunden gelten. Denn nicht nur privat handelnde Personen sind hier schützenswert. Auch kann es Unternehmen und damit auch ihre Mitarbeiter empfindlich treffen, wenn diese falschen Entscheidungen in finanziellen oder versicherungstechnischen Fragestellungen treffen. Branchenfremde Unternehmen können hier genauso schützenswert sein, wie privat handelnde Personen. Wenn die zu erteilenden Informationen einheitlich definiert sind und standardisiert an die Kunden übermittelt werden, so dürfte sich auch die Belastung für die Produktanbieter und Dienstleister in Grenzen halten. Es ist sogar denkbar, dass sich der Informationsaufwand verringert, wenn die Informationspflichten nicht immer weiter aufgebläht und mit Ausnahmen und Rückausnahmen versehen werden. Natürlich muss es zur Gewährleistung eines effizienten Geschäftsmarktes auch möglich sein, dass Unternehmen Sondervereinbarungen treffen und auf Informationen verzichten können. Dies macht insbesondere dann Sinn, wenn einzelne Unternehmen bestimmte Geschäfte immer wieder abschließen oder aufgrund ihrer Tätigkeiten in bestimmten Bereichen besondere Kenntnisse oder Erfahrungen haben.

V. Das Prinzip der Eigenverantwortung

Ziel gesetzlicher Informationspflichten ist es, wesentliche Informationsdefizite einer Vertragspartei auszugleichen, um so die zivilrechtlich unterstellte Vertragsparität herzustellen. Der Kunde soll durch diese Maßnahmen nicht besser gestellt werden, als er bei eigener Informiertheit stünde.[369] Er soll die Verantwortung für sein Handeln grundsätzlich selber tragen. Deshalb ist es unerlässlich, dass Informations-pflichten nur auf Fälle eines begründeten Informationsbedürfnisses begrenzt werden. Die Privatautonomie garantiert gerade auch die Möglichkeit, irrationale und unvernünftige Entscheidungen zu treffen, selbst wenn diese für den Kunden mit erheblichen finanziellen Verlusten verbunden sind.[370] Es ist daher nicht vertretbar, den Banken, Versicherern und sonstigen Finanzdienstleistern die Pflicht aufzuerlegen, ihre Kunden unter allen Umständen von riskanten Geschäften und möglicher Selbstschädigung abzuhalten.[371] Die Frage, ob, und wenn ja in welchem Umfang, ein Kunde Risiken auf sich nehmen will und kann, muss er letztendlich selbst entscheiden. Andernfalls besteht die Gefahr, dass die Informationspflichten zu einer allgemeinen sozialfürsorglichen (General) Schutzpflicht vor Selbstschädigung entarten.[372] Insbesondere auf den Kapitalmärkten bringt eine solche Entwicklung die für alle Beteiligten erhebliche Gefahr mit sich, dass das spezifische, einer jeden Kapitalanlage zwingend innewohnende wirtschaftliche Risiko nachträglich vom Kunden auf den Anbieter abgewälzt wird.[373] Das dies nicht nur aus Gerechtigkeitsgesichtspunkten abzulehnen ist, sondern zu einer erheblichen Schädigung der Kapitalmärkte führen würde, ist offensichtlich. Auch sozial motivierter Kundenschutz darf nicht zu Spekulationen auf Kosten anderer Marktteilnehmer führen.[374]

Auf der anderen Seite führt auch ein zu großer Mangel an Information ebenfalls zu Marktversagen, wie die Theorie des „Market for Lemons“ belegt. Die zentrale Aufgabe der Kapitalmärkte besteht darin, Investitionskapital einzusammeln und anschließend sinnvoll so zu verteilen, dass aus dem eingesetzten Kapital ein möglichst hoher Nutzen gezogen werden kann. Ohne diese Kapitalaufbringung und Kapitalverteilung wäre eine funktionierende Wirtschaft nicht denkbar. Hierbei profitieren nicht nur privatwirtschaftliche Unternehmen von den Kapitalmärkten. Auch die öffentliche Hand benötigt stets neues Kapital. Ein Großteil der staatlichen Finanzierungsbedürfnisse der öffentlichen Hand wird durch Emissionen von Schuldverschreibungen und anderen Finanztiteln

369 Brandt, Aufklärungs- und Beratungspflichten, S. 36 f.; Schäfer/Müller, Anlageberatung, S. 17; so auch BGH Urteil vom 11. November 2003, Az. 21/03.

370 Breidenbach, Informationspflichten, S. 12.

371 Brandt, , Aufklärungs- und Beratungspflichten, S. 27.

372 Brandt, Aufklärungs- und Beratungspflichten, S. 37.

373 Brand, Aufklärungs- und Beratungspflichten, S. 37; Kübler, AG 1977, S. 85, 87.

374 Kübler, AG 1977, S. 85, 7.

befriedigt. Die erfolgreiche Platzierung dieser Finanzprodukte hängt wesentlich von einem leistungsstarken Kapitalmarkt ab.[375]

Eine zu große Uninformiertheit der Anleger hätte zur Folge, dass die marktmäßige Steuerung der Kapitalströme versagt. Denn wenn die Marktteilnehmer keine hinreichende Information haben, an denen sie ihr Nachfrageverhalten orientieren können, können Kurse und Zinssätze keine korrekten Ertragserwartungen und Knappheitsrelationen zum Ausdruck bringen.[376] Die Folge wäre, dass der Kapitalzustrom in die Finanzmärkte abnehmen würde.

Auf der anderen Seite verursacht das Bereitstellen von Information durch den Produktanbieter auch Kosten. Diese Kosten werden dann vom Anbieter auf die Produktkosten aufgeschlagen, um den Gewinn nicht zu schmälern. Auf der Seite der Kunden schmälern diese höheren Produktkosten wiederum den Ertrag der Anlage. Hohe Transaktionskosten behindern oder verhindern gar das Zustandekommen von finanziellen Beziehungen zwischen den einzelnen Marktteilnehmern.[377]

Um ein effizientes System der Kapitalbeschaffung und -verteilung zu sichern ist eine ausreichende Informiertheit der Kunden unverzichtbar. Andererseits bringen zu hohe Verpflichtungen auf Seiten der Produktanbieter teurere Transaktionskosten mit sich.

Die Schwierigkeit zielführender Kapitalmarktregelungen besteht somit in einem ausgewogenen Verhältnis bei der Verteilung der Informations-, Aufklärungs- und Beratungspflichten auf der einen und Informationsbeschaffungspflichten auf der anderen Seite.[378] Dabei muss stets im Blick behalten werden, dass auch den Kunden eine gewisse Eigenverantwortung trifft, sich selber Informationen zu den Produkten zu verschaffen und nach passenden Produkten für seine Situation zu suchen.

VI. Zugangsbeschränkungen zu den Kapitalmärkten

Das rechtliche Gegenstück zu den Informationspflichten stellen inhaltlich zwingende Vorschriften dar. Sie dienen nicht der Kundeninformation, sondern legen bestimmte Teile des Vertragsinhalts fest. Dies hat naturgemäß zur Folge, dass die

---

375 Kümpel, Kapitalmarktrecht, S. 66.

376 Koch/Schmidt, BFuP 1981, S. 231, 236; Brandt, Aufklärungs- und Beratungspflichten, S. 43 f.

377 So auch Brandt, Aufklärungs- und Beratungspflichten, S. 44.

378 So auch Kübler, ZHR 145 (1981), S. 205, 207, der von einem Zielkonflikt der präzisen Informationsverteilung unter den Marktteilnehmern spricht.

Gestaltungsvielfalt eingeschränkt wird. Je nach Grad der zwingenden inhaltlichen Vorgaben kann die Gestaltungsvielfalt auch völlig entfallen.

Als weitere Kunden schützende Maßnahme wäre also denkbar, dass einzelnen Finanzdienstleistern das Anbieten ihrer Produkte und Dienstleistungen untersagt würde bzw. zwingende Vorgaben hinsichtlich der Produktgestaltung gemacht würden. Durch solche Maßnahmen wäre ein Schutz der Kunden vor den betroffenen Finanzprodukten zweifelsfrei gegeben. Dennoch muss dieser Ansatz des Kundenschutzes an zwei Punkten scheitern. Der Staat müsste in der Folge festlegen, welche Finanzprodukte er dem Kunden zugänglich machen will und welche nicht. Ein solches staatliches Eingreifen würde jedoch das Leitbild eines „mündigen Verbrauchers" konterkarieren und könnte in keiner Weise den vielfältigen unterschiedlichen Lebensentwürfen der Kunden gerecht werden.

Viel gravierender ist jedoch die Tatsache, dass ein solch rigoroses Eingreifen auch im Lichte des angestrebten unionsrechtlichen Zieles, einen gemeinsamen Binnenmarkt auch im Bereich des Kapitalmarktes und der Finanzdienstleistungen zu etablieren, entgegenlaufen würde und letzten Endes auch primärrechtswidrig ist. So hat der EuGH in dem deutschen Versicherungsurteil[379] und in dem Urteil Parodi[380] eindeutig unterstrichen, dass primärrechtlich das Informationssystem vorrangig vor anderen beschränkenden Maßnahmen zu verfolgen ist. Ein Produktverbot bzw. Einschränkungen, welche dann auch für ausländische Anbieter gelten würden, können somit nur in äußersten Notfällen in Erwägung gezogen werden und eignen sich damit keinesfalls als Grundlage für ein systematisches Schutzkonzept. Auch wäre ein konsequentes Marktzutrittsverbot für Anbieter aus dem europäischen Ausland oftmals aufgrund der vertraglich garantierten Marktfreiheiten innerhalb der EU nicht durchsetzbar. Eine unionsweite Festlegung auf Produktzulassungen bzw. Versagung von Zulassungen wird es schon aufgrund der Vielzahl an unterschiedlichen nationalen Interessen nicht geben können.

Eine Zugangsbeschränkung zu den Kapitalmärkten für Privatkunden wäre zudem mit dem Prinzip der Eigenverantwortung nicht vereinbar. Denn ein solches staatliches Eingreifen würde den Kunden bevormunden und ihm die Freiheit nehmen, sich für bestimmte Finanzprodukte zu entscheiden.

---

379 EuGH vom 4. Dezember 1986, Kommission/Bundesrepublik Deutschland, Rs. 205/84, Slg. 1986, 3755 ff.

380 EuGH v. 9. Juli 1997, Société civile immobilière Parodi/Banque H. Albert de Bary et Cie, Rs. C-222/95, Slg. 1997, I-3899 ff.

VII. Bildung von Gefahrengruppen

Auch wenn das Informationsmodell im Ergebnis dem Modell der inhaltlich zwingenden Vorschriften weitgehend vorzuziehen ist, so sind insbesondere im Bereich der Finanzdienstleistungen einige Besonderheiten zu berücksichtigen, die je nach Sachlage in Einzelfällen durchaus auch über die Auferlegung von Informationspflichten hinausgehende Auflagen recht-fertigen können.

Bei der Warenverkehrsfreiheit wird das Informationsmodell vor allem mit dem Argument favorisiert, dass der mündige Kunde in der Lage ist, ihm zur Verfügung gestellte Informationen auszuwerten und die für ihn richtigen Schlüsse zu ziehen. Zudem wird ein Kunde, der einmal ein Produkt minderer Qualität erworben hat, beim nächsten Mal ein anderes Produkt erwerben. Auf diese Art und Weise findet von alleine eine Marktbereinigung statt.

Diese Argumentation ist jedoch so allgemein nicht ohne Weiteres auf Finanzdienstleistungen übertragbar. Die Besonderheit des Finanzdienstleistungsmarktes liegt gerade darin, dass zahlreiche Geschäfte von einer Mehrheit der Kunden nur einmal im Leben getätigt werden oder deren Auswirkungen so erheblich sind, dass eine Fehlentscheidung den Kunden wirtschaftlich gravierend beeinträchtigen kann. Auch sind die Produktmerkmale bei Finanzdienstleistungen zahlreicher als bei den bekannten Waren des täglichen Lebens. Einige Produktmerkmale sind dem Kunden oftmals gar nicht bekannt, sodass er hierzu fehlende Informationen auch nicht vermissen bzw. selbstständig nachfragen wird.

Dies muss bei der Beantwortung der Frage berücksichtigt werden, ob der Gesetzgeber sich auf die Selbstheilungskräfte des Marktes und richtige Wirkung von Informationen verlassen darf, oder ob doch zwingende inhaltliche Vorgaben zu machen sind.

Josef Heimann[381] hat einen möglichen Weg aufgezeigt, der durchaus vielversprechend ist. Er hat sich für Bildung von Gefahrengruppen ausgesprochen, anhand derer im nächsten Schritt zu entscheiden ist, ob das Informationsmodell allein ausreichenden Schutz vor Informationsasymmetrien gibt oder ob weiterführende Schutzmaßnahmen notwendig sind. Heimann schlägt als Unterscheidungsmerkmal zur Abgrenzung zwischen einer niedrigen und einer hohen Gefahrenklasse das Kriterium der Überschuldung vor.[382] Bei der Festlegung, wann eine Überschuldung vorliegt stützt er sich auf § 19 Abs. 2 S. 1 i. V. m. § 304

381 Heimann, Verbraucherschutz, S. 208 f.

382 Heimann, Verbraucherschutz, S. 208.

Abs. 1 InsO, wonach eine Überschuldung dann vorliegt, „wenn das Vermögen des Schuldners die bestehenden Verbindlichkeiten nicht mehr deckt".[383]

Als weiteres Kriterium kann der Kreis der Betroffenen herangezogen werden. Einzelne Finanzdienstleistungen haben einen so weiten Wirkungskreis, dass von einem Vertrag eine Vielzahl von Personen betroffen sein kann. Dies gilt insbesondere – wenn auch nicht ausschließlich – für Versicherungsverträge, vor allem wenn Versicherungsnehmer und versicherte Person(en) nicht identisch sind. Hier muss der Gesetzgeber darauf hinwirken, dass auch die Rechte Dritter ausreichend berücksichtigt werden. In diesem Zusammenhang können durchaus auch aus primärrechtlicher Sicht Beschränkungen des freien (Finanz) Dienstleistungsverkehrs gerechtfertigt sein, sodass es dem Gesetzgeber gestattet sein muss, Regelungen zum Schutz der Kunden zu erlassen.

Dem Gedanken, diese Idee Heimanns auf Finanzdienstleistungen zu übertragen, können freilich einige Gegenargumente entgegengehalten werden. Dem Argument, dass dieses Vorgehen eine Bevormundung des Kunden sei, hält bereits Heimann entgegen, dass eine solche nicht gegeben sei, da der Kunde durch dieses Vorgehen vor dem leichtfertigen Nichtbeachten von Information in besonders kritischen Fällen geschützt wird.[384] Auch die Drittwirkung von einigen Finanzdienstleistungen ist zu berücksichtigen.[385] So kommt es vor allem im Versicherungsbereich vor, dass Vertragsschließender und Berechtigter aus dem Vertrag nicht personenidentisch sind. Wird nun ein Finanzdienstleistungsvertrag zugunsten eines Dritten, beispielsweise eines Kindes des Versicherungsnehmers, geschlossen, so kann es nicht als sachgerecht angesehen, werden, wenn das Kind aufgrund unzureichender Informationen oder falscher Informationswürdigung im Notfall nicht ausreichend geschützt ist. Dies greift auch der EuGH[386] auf, wenn er im deutschen Versicherungsurteil formuliert, dass „der Schutz der Interessen der Versicherten und der geschädigten Dritten praktisch die gesamte Bevölkerung angeht".[387]

Auch ist fraglich, ob das Abgrenzungskriterium der Überschuldung geeignet ist. Hierbei handelt es sich nämlich um keine allgemein bekannte und

---

383 Heimann, Verbraucherschutz, S. 208.

384 Heimann, Verbraucherschutz, S. 210.

385 Heimann, Verbraucherschutz, S. 210.

386 EuGH v. 4. Dezember 1986, Kommission/Bundesrepublik Deutschland, Rs. 205/84, Slg. 1986, 3755 ff.

387 Nicht nur im Versicherungsrecht, sondern ebenfalls bei Bankdienstleistungen sind neben dem Verbraucher mitunter auch Dritte betroffen, z. B. Bürgen oder weitere Gläubiger, siehe Heimann, Verbraucherschutz, Fn. 1066.

feststehende Größe, sodass überlegt werden muss, anhand welchen Vermögens sich die Überschuldung bemisst. Keinesfalls kann es dem Vertrieb der Finanzprodukte auferlegt werden, bei jedem Vertragsschluss eine individuelle Überschuldungsgrenze festzustellen. Abgesehen davon, dass dies einen nicht zu vertretenden Aufwand darstellen würde, wird dies in vielen Fällen auch tatsächlich nicht möglich sein. Denn die wenigsten Kunden dürften bereit sein, für jeden Abschluss eines Finanz(dienstleistungs) vertrags ihre finanzielle Situation vollständig offen zu legen. Bei der Festlegung der Verschuldensgrenze bleibt daher nur die Möglichkeit auf einen statistisch errechneten Durchschnittshaushalt abzustellen und auf diesem Weg die jeweils gültigen Überschuldungsgrenzen festzulegen. Trotz dieser Behelfslösung erscheint das Abgrenzungskriterium der Überschuldung mangels geeigneter Alternativen sinnvoll.

VIII. Der aufgeklärte Anleger

„Die Vermittlung von Finanzwissen soll dem Einzelnen Finanzprodukte und -konzepte näher bringen und ihm das nötige Rüstzeug an die Hand geben, um sich in diesem Bereich zurechtzufinden und bei Finanzdienstleistungen in Kenntnis der Risiken und Chancen die richtige Entscheidung zu treffen. [...] Die Vermittlung von Finanzwissen stellt eine Ergänzung zu den legislativen Bemühungen dar, angemessene Verbraucherinformationen, einen angemessenen Verbraucherschutz und eine angemessene Verbraucherberatung sicherzustellen.“ Mit diesen Worten leitet die Kommission ihren aktuellen Ansatz des Verbraucherschutzes bei Finanzdienstleistungen ein.[388]

Ausgangpunkt dieses Ansatzes ist die Tatsache, dass der Kunde nur dann für sich einen optimalen Nutzen aus den zur Verfügung stehenden Informationen ziehen kann, wenn er selbst in der Lage ist, diese Informationen in ihrer Bedeutung und Reichweite richtig zu erfassen und auf seinen ganz konkreten Fall anzuwenden. Hierzu gehört auch, dass ein information-overload zu verhindern ist aus dem sich die Kunden mittels Ausweichstrategien zu befreien versuchen. Ansonsten besteht die Gefahr eines Marktversagens, ähnlich dem oben bereits angesprochenen Beispiel des „Market for Lemons“, aufgrund mangelnder Urteilsfähigkeit im Bereich der subjektiven Nutzeneinschätzung.[389] Um dies zu vermeiden, müssen die Kunden grundsätzlich in der Lage sein, die gegebenen Informationen fachlich einzuordnen, auszuwerten und zu beurteilen, inwieweit

---

388 Mitteilung der Kommission „Vermittlung von Finanzwissen“, KOM(2007) 808 endg. vom 18. Dezember 2007, S. 2.

389 Vgl. auch Assmann, Prospekthaftung, S. 283 f.

die jeweiligen Finanzprodukte vor dem Hintergrund der eigenen konkreten Erwartungen und Lebensumstände geeignet sind. Genau diese Aufgabe kann kein Finanzdienstleister so gut übernehmen, wie der Konsument selbst. Informations-, Aufklärungs- und Beratungspflichten, sei es in Form von Verkaufsprospekten, eines neuen Bankprotokolls oder etwa eines Produktinformationsblatts können lediglich grundlegende, allgemeine Aufklärung über den Anlageemittenten und die wichtigsten Merkmale des Finanzproduktes[390] leisten, bieten jedoch keine konkrete auf die individuelle Situation des Einzelnen bezogene Kaufempfehlung.[391] Auch eine Beratung aufgrund eines separaten Beratungsvertrages kann diese Aufgabe nur bedingt erfüllen, da ein unerfahrener Kunde nur in den wenigsten Fällen in der Lage sein wird, seine Bedürfnisse konkret und umfassend zu formulieren und die Beratung für sich wirklich effektiv zu nutzen. Auch kann von einem Finanzdienstleister nicht verlangt werden, all diese Aufgaben in einem Beratungsgespräch zu leisten. Zu unterschiedlich sind die verschiedenen individuellen Lebenssituationen und Anlageziele, als dass ein Finanzdienstleister bei jedem neuen Kundenkontakt alle Möglichkeiten von Grund auf neu durchgehen und erläutern kann. Eine solche Beratungsdienstleistung würde zwangsläufig weitere enorme Transaktionskosten mit sich bringen, die sich schließlich wieder ertragsmindernd auf die Rendite des Kunden auswirken würden.

Auch an anderer Stelle helfen dem Kunden weder Beratungs-, Informations- oder Aufklärungspflichten, noch Haftungsregelungen und Schadenersatz-ansprüche weiter. So wurde das Vertrauen in Bankberater schon im Jahre 1991 durch die sogenannte Insider-Affäre stark erschüttert. Im Juni 1991 wurde bekannt, dass drei Mitarbeiter der Deutschen Bank unter dem Verdacht standen, an Insider-Geschäften beteiligt gewesen zu sein. Den Mitarbeitern wurde vorgeworfen, Kunden Optionsscheine empfohlen zu haben, die sie zuvor selber erworben hatten. Die Bankmitarbeiter sollen auf diese Weise versucht haben, die Kurse der Optionsscheine in die Höhe zu treiben.[392] Die Affäre weitete sich im Laufe des Jahres weiter aus. Die Staatsanwaltschaft ermittelte schließlich gegen 25 Personen. Aufgrund mangelnder Nachweisbarkeit und auf Basis der damals gültigen freiwilligen Insiderregelungen konnte gegen die Beschuldigten kein

390 Z. B. Nennwert, Laufzeit, Ausgabekurs, versichertes Risiko, Kosten, etc.

391 Vgl. auch Brandt, Aufklärungs- und Beratungspflichten, S. 55.

392 Sog. Frontrunning.

förmliches Verfahren eingeleitet werden.[393] Doch auch ohne ein solches Verfahren hat diese Affäre das Vertrauen in die Bankberatung grundlegend erschüttert. Die Bedeutung des Falls spiegelt sich auch in den zahlreichen Zeitungsartikeln wider.[394]

In solchen Fällen helfen auch verschärfte Haftungsregelungen dem Kunden nur bedingt weiter. Haftungsregelungen greifen erst dann, wenn der Kunde den Schaden bereits erlitten hat. Er muss sich sein Geld dann aktiv von dem jeweiligen Finanzdienstleister wieder holen. Dies kann sich mitunter als äußerst schwierig oder gar aussichtslos erweisen, denn der Kunde trägt bei diesem Konstrukt das Insolvenzrisiko.

- Als Anhaltspunkt, dass die den Kundenschutz unterstützende gemeinschaftliche Informationsoffensive erfolgreich sein kann, stützt sich die Kommission im Wesentlichen auf folgende drei Studienergebnisse aus den USA und Großbritannien:[395]
- Die Auswertung eines britischen Programms zur Vermittlung von Finanzwissen am Arbeitsplatz hat ergeben, dass 82 % der Teilnehmer ihr Verhalten nach Besuch der Seminare ändern (und beispielsweise in eine freiwillige Pensionskasse einzahlen oder ihre Schulden abzahlen) wollten; bei einer Befragung drei Monate später hatten bereits 60 % der Teilnehmer ihre Pläne in die Tat umgesetzt.[396]
- Eine in den USA durchgeführte Studie hatte zum Ergebnis, dass die Teilnahme an Seminaren zum Thema Rente die Teilnehmer in der Regel zu höheren freiwilligen Beiträgen zur betrieblichen Altersversorgung veranlasst.[397] Weitere

---

393 Das die Staatsanwaltschaft schließlich doch 25 Ermittlungsverfahren eingeleitet hat, erklärt sich aus einem Folge-Delikt der Börsenschiebereien: der Steuerhinterziehung, Der Spiegel, 30/1991, S. 70.

394 Vgl. etwa Handelsblatt vom 26./27. Juli 1991, S. 2 („Insider-Affäre hat dem Ansehen der Börse geschadet“); vom 8. August 1991, S. 19 („Insider-Affäre weitet sich aus“); vom 10.September 1991, S. 10 („Insider-Affäre nimmt größere Dimension an“); Der Spiegel 28/1991 vom 08. Juli 1991, S. 91 („In den Knast“); 30/1991 vom 22. Juli 1991, S. 68–73 („Die haben das Chaos im Kopf“).

395 Mitteilung der Kommission „Vermittlung von Finanzwissen“, KOM(2007) 808 endg. vom 18. Dezember 2007, S. 7.

396 Vortrag Dredge, Presentation on Financial Capability in the workplace, Konferenz Finanzielle Allgemeinbildung verbessern, Brüssel, 28. März 2007, abrufbar unter: http://ec.europa.eu/internal_market/finservices-retail/docs/capability/conference/jim-dredge_en.pdf (zuletzt abgerufen am 16. Januar 2016).

397 The effects of financial education in the workplace: evidence from a survey of employers, Bayer/Bernheim/Scholz, Januar 2008, abrufbar unter: https://www.

Untersuchungen haben gezeigt, dass Veranstaltungen dieser Art sowohl die Anhäufung von Reinvermögen als auch von Wohlstand beeinflussen können.[398]

- Studien über die Wirksamkeit der Kreditberatung unterer Einkommensschichten vor dem Erwerb einer Wohnimmobilie in den USA haben gezeigt, dass bei Kreditnehmern, die vor dem Kauf eine solche Beratung erhalten haben, die Ausfallquote im Durchschnitt um 13 % niedriger liegt.[399]

Aus diesen Ergebnissen leitet die Kommission folgerichtig den Schluss ab, dass langfristig angelegte Wissensvermittlung zu einem positiv veränderten Auftreten der Kunden am Kapitalmarkt führt.[400] Die enorme gesamtwirtschaftliche Bedeutung von funktionierenden Finanzmärkten rechtfertigt es, diese ersten Erkenntnisse zum Anlass zu nehmen, den Aspekt der finanziellen Bildung mit in ein umfassendes Kundenschutzkonzept aufzunehmen.

IX. Nationale Vorschriften vs. einheitliche europäische Regelung

Neben der Benennung der für ein Kundenschutzkonzept sinnvollen Schutzmechanismen stellt sich unter dem Blickwinkel des primärrechtlichen Ziels eines möglichst einheitlichen und umfassenden Binnenmarktes die Folgefrage, ob der Kundenschutz rein auf Unionsebene zu regeln ist oder ob weiterhin den nationalen Gesetzgebern ein eigener Ermessensspielraum zugestanden werden soll.

1. Mindestharmonisierung

Das derzeitige Kundenschutzsystem der Europäischen Union ist im Wesentlichen nach dem Prinzip der Mindestharmonisierung aufgebaut.[401] Dieses Prinzip

ssc.wisc.edu/~scholz/Research/Financial_Education.pdf (zuletzt abgerufen am 16. Januar 2016).

398 Lusardi, Saving and the effectiveness of Financial Education, Pension Research Council Working Paper 2003-14, Pension Research Council, Januar 2004, abrufbar unter: http://www.dartmouth.edu/~alusardi/Papers/Financial_Education_2004.pdf (zuletzt abgerufen am 16. Januar 2016).

399 Empirical Evidence of the effectiveness of pre-purchase homeownership counselling, Hirad/Zorn, August 2001, abrufbar unter: http://www.jchs.harvard.edu/sites/jchs.harvard.edu/files/liho01-4.pdf (zuletzt abgerufen am 16. Januar 2016).

400 Mitteilung der Kommission „Vermittlung von Finanzwissen", KOM(2007) 808 endg. vom 18. Dezember 2007, S. 7.

401 Mitteilung der Kommission an den Rat, das Europäische Parlament und den Europäischen Wirtschafts- und Sozialausschuss „Verbraucherpolitische Strategie der EU

besagt, dass von den nationalen Gesetzgebern ein einheitliches Mindestmaß an kundenschützenden Regelungen durchzusetzen ist, welches in den zugrundeliegenden Richtlinien vom Unionsgesetzgeber festgelegt wird. Darüber hinaus ist es den Mitgliedstaaten jedoch freigestellt, weitergehende nationale Regelungen zu erlassen, solange sie mit dem geltenden Primärrecht vereinbar sind.[402]

2. Vollharmonisierung

In neueren Kundenschutzkonzepten geht die Kommission nun wie selbstverständlich davon aus, dass das Prinzip der Mindestharmonisierung nicht mehr zeitgemäß sei und zukünftig eine vollständige Harmonisierung des unionsrechtlichen Kundenschutzrechtes angestrebt werden sollte.[403] Dies würde bedeuten, dass den nationalen Gesetzgebern bis auf wenige Ausnahmen vollständig die Möglichkeit entzogen würde, von den primärrechtlichen Vorgaben abzurücken und gegebenenfalls auch strengere Vorschriften zu erlassen. Durch das Konzept der Vollharmonisierung wird der nationale Gesetzgeber in weiten Teilen des Gesetzgebungsverfahrens zu einem reinen Handlanger des Unionsgesetzgebers, da ihm jeglicher gesetzgeberischer Gestaltungsraum genommen wird. Begründet wird dieser Vorstoß der Kommission damit, dass die Unterschiede zwischen den verschiedenen Nationalmärkten nicht mehr wesentlich sind und daher eine unterschiedliche Behandlung der Märkte nicht mehr notwendig sei.[404] Durch eine Vereinheitlichung der Schutzrechte im Binnenmarkt soll zudem das Vertrauen der Verbraucher auch in ausländische Märkte gestärkt werden.[405]

Seit längerem stellt die Kommission eine Reihe von Untersuchungen an, die die Auswirkungen der Mindestharmonisierung auf das Kaufverhalten der

---

(2007–2013) – Stärkung der Verbraucher – Verbesserung des Verbraucherwohls – wirksamer Verbraucherschutz, KOM(2007) 99 endg., S. 8.

402 Gsell/Schellhase, JZ 2009, 20, 20.

403 Vgl. etwa die Verbraucherpolitische Strategie 2002 – 2006 der Europäischen Kommisssion, KOM (2002) 208 endg. vom 7. Mai 2002, S. 6, 12 f.

404 Mitteilung der Kommission an den Rat, das Europäische Parlament und den Europäischen Wirtschafts- und Sozialausschuss „Verbraucherpolitische Strategie der EU (2007–2013) – Stärkung der Verbraucher – Verbesserung des Verbraucherwohls – wirksamer Verbraucherschutz, KOM(2007) 99 endg., S. 8.

405 Grünbuch „Die Überprüfung des gemeinschaftlichen Besitzstandes im Verbraucherschutz“, KOM(2006) 744 endg., S. 4: „Die Verbraucher sollten sich auf gleichwertige Rechte berufen und gleichwertige Möglichkeiten nutzen können, um im Problemfall zu ihrem Recht zu kommen.“

Verbraucher erforschen sollen.[406] So ergaben die Untersuchungen des Eurobarometers aus dem Jahre 2008, dass der Erwerb von Produkten und Dienstleistungen immer weniger ortsgebunden stattfindet. Der Onlinehandel und sonstige Fernabsatzvertriebswege erfahren immer mehr Beliebtheit. Allerdings scheuen sich viele Kunden offensichtlich nach wie vor davor, auch grenzüberschreitend Waren zu erwerben oder Dienstleistungen in Anspruch zu nehmen. Im Jahr 2007[407] haben lediglich 12 % der Europäer ein grenzüberschreitendes Finanzgeschäft getätigt,[408] 25 % der EU-Bürger haben jedoch schon einmal sonstige Waren oder Dienstleistungen grenzüberschreitend erworben[409].

(a) Schwächen der Vollharmonisierung

Trotz dieser Argumente wirkt die Ansicht der Kommission, dass die aufgezeigten Marktbarrieren durch eine Vollharmonisierung des Kundenschutzrechts überwunden werden können, zumindest was den Bereich der Finanzdienstleistungen angeht, befremdlich. Wie bereits oben gezeigt müssen die Wirtschaftsbereiche des Binnenmarktes aufgeteilt werden in Waren und Dienstleistungen, die vom Kunden öfters nachgefragt werden (Wiederholungsgeschäfte) und solche Waren und Dienstleistungen, die in der Regel nur einmal oder zumindest äußerst selten nachgefragt werden und bei denen eine Fehlentscheidung weitreichende Folgen haben kann. Hierzu gehören insbesondere die Finanzdienstleistungen.

Durch die sogenannte Osterweiterung in den Jahren 2004 und 2007 sind zwölf neue Mitglieder zur Europäischen Union hinzugekommen. Manche der neu aufgenommenen Staaten existieren noch nicht einmal so lange, wie die Europäische Union. Es ist schwer vorzustellen, dass alle diese Staaten bereits nach so kurzer Mitgliedszeit ein mit den Gründungsstaaten vergleichbares Marktschutzsystem etabliert haben sollen und dieses auch tatsächlich gelebt wird. Möchte man nun

---

406 Grünbuch „Die Überprüfung des gemeinschaftlichen Besitzstandes im Verbraucherschutz", KOM(2006) 744 endg.; Europäische Kommission, Spezial Eurobarometer Nr. 289 „Verbraucherschutz im Binnenmarkt", abzurufen unter http://ec.europa.eu/consumers/strategy/docs/eurobar_298_report_de.pdf.

407 Der angegebene Wert bezieht sich auf den Zeitraum von Februar/März 2007 bis Februar/März 2998.

408 Europäische Kommission, Spezial Eurobarometer Nr. 289 „Verbraucherschutz im Binnenmarkt", S. 133, abzurufen unter http://ec.europa.eu/consumers/strategy/docs/eurobar_298_report_de.pdf.

409 Europäische Kommission, Spezial Eurobarometer Nr. 289 „Verbraucherschutz im Binnenmarkt", S. 6, abzurufen unter http://ec.europa.eu/consumers/strategy/docs/eurobar_298_report_de.pdf.

den Vorstellungen der Kommission folgen und einheitliche Regelungen für den gesamten Binnenmarkt etablieren, so bleiben hierfür nur zwei Umsetzungsvarianten möglich:

Eine Möglichkeit wäre, dass der einheitliche Kundenschutz sich an einem gemeinsamen Mittelmaß orientiert, sodass alle Mitgliedstaaten die reelle Möglichkeit haben, diese Vorgaben auch zu erfüllen. Dies würde jedoch für Mitgliedstaaten mit einem ausgeprägten und differenzierten Kundenschutz, wie dies beispielsweise in Deutschland der Fall ist, einen Rückschritt bedeuten. Das zeigt sich schon alleine daran, dass Deutschland bisher weitreichend von den Möglichkeiten der Mindestharmonisierung Gebrauch gemacht und regelmäßig strengere Schutzvorschriften erlassen hat. Da es keine Anzeichen dafür gibt, dass auf primärrechtlicher Ebene zukünftig strengere Vorgaben gemacht werden, wird sich das Schutzniveau vor allem auf den Märkten absenken, die heute einen besonders hohen Kundenschutz garantieren.

Auf der anderen Seite könnte der primärrechtliche Gesetzgeber zukünftig dazu übergehen, die im Rahmen der Vollharmonisierung erlassenen Rechtsakte mit einem höheren Schutzniveau als bisher auszustatten. So würden die Kunden in den Ländern mit strengen Schutzvorschriften keinen Nachteil haben. Für diesen Ansatz spricht zudem, dass bereits heute viele Mitgliedstaaten bei der Richtlinienumsetzung regen Gebrauch von der Möglichkeit der Mindestharmonisierung machen und für die nationalen Märkte ein höheres Schutzniveau wählen, als dies von der jeweiligen Richtlinie vorgeschrieben wird.[410] Es bleibt jedoch überaus fraglich, ob tatsächlich alle 27 Mitgliedstaaten bereits heute in der Lage und willens sind, ein solches Schutzniveau mitzugehen. Es

---

410 Z. B. bei der Bemessung der Widerrufsfristen, die im nationalen Recht vielfach länger sind als die in der Fernabsatz-Richtlinie, der Richtlinie über Haustürgeschäfte oder in der Timesharing-Richtlinie festgelegten Mindestfristen; dies stellt auch die Kommission in verschiedenen Dokumenten fest. Vgl. etwa Grünbuch „Die Überprüfung des gemeinschaftlichen Besitzstandes im Verbraucherschutz“, KOM(2006) 744 endg., S. 11; die Kommission liegt hier jedoch falsch, wenn sie indirekt die Mitgliedstaaten beschuldigt, einer Harmonisierung des Binnenmarktes entgegen zu wirken. Vielmehr sollte die Frage gestellt werden, ob die primärrechtlichen Schutzvorschriften teilweise einfach nicht weitreichend genug sind. Dies soll jedoch nicht darüber hinwegtäuschen, dass auch der nationale Gesetzgeber bei der Ausnutzung der Möglichkeiten einer Mindestharmonisierung öfters über das Ziel hinaus schießt. Wie eingangs in dieser Arbeit gezeigt, hat der deutsche Gesetzgeber bei der Pflicht der Offenlegung von Kosten bei Versicherungsverträgen unter dem Deckmantel des Verbraucherschutzes Regelungen erlassen, deren Erfolg sehr fragwürdig ist und die im Zweifel nur vom Verbraucher zu tragende Mehrkosten produzieren.

ist zu befürchten, dass einige Mitgliedstaaten an der Umsetzung der Vorgaben der Europäischen Union scheitern, was wiederum nicht zu einem einheitlichen Binnenmarkt führen würde. Um ein späteres Scheitern bei der Richtlinienumsetzung zu vermeiden, werden einige Staaten dazu übergehen, in dem Richtlinienprozess geringere Schutzstandards durchsetzen zu wollen. Dies würde zu zum Teil erheblichen Verzögerungen führen, wie dies weiter oben bereits für die Verbraucherkreditrichtlinie dargelegt wurde. Während der langen Verhandlungszeit besteht unter Umständen dann gar kein oder ein nicht ausreichender Kundenschutz.

(b) Die Beseitigung von Sprachbarrieren

Die Umfragen des Eurobarometers ergeben zudem, dass die Kunden ihre Zurückhaltung bei grenzüberschreitenden Finanzdienstleistungsgeschäften nicht zwingend auf die unterschiedlichen nationalen Regelungen schieben. Als Gründe werden im Wesentlichen Sprachbarrieren und mangelndes Vertrauen in die Transparenz und Aufrichtigkeit der ausländischen Anbieter genannt.[411] Diese Hemmnisse lassen sich jedoch nicht mittels eines einfachen Angleichens der Kundenschutzvorschriften aus der Welt schaffen. Zunächst muss gewährleistet sein, dass die unterschiedlichen Märkte auch für ausländische Kunden transparent sind. Dies lässt sich jedoch offensichtlich nicht mittels einer von oben oktroyierten Vollharmonisierung von Rechtsbereichen schaffen. Vielmehr ist hierzu ein langwieriger Prozess des gegenseitigen Kennenlernens und einander Vertrauens notwendig. Eine solche Annäherung muss gesellschaftspolitisch, beispielsweise durch Austausch und Aufklärung, gefördert werden. Nur unter diesen Voraussetzungen wird es gelingen aufzuzeigen, wo sich der Dienstleistungseinkauf jenseits der Grenze lohnt und in welchen Bereichen die einheimischen Produkte besser für den Bedarf der Kunden geeignet sind. Nur ein transparenter Markt kann die Ängste der Marktteilnehmer beseitigen. Diese Ansicht lässt sich mit den in dem Eurobarometer gewonnen Umfrageergebnissen untermauern. So würde es 79 % der europäischen Kunden bereits ausreichen, wenn für Finanzdienstleistungen ein einheitliches Informationsblatt entwickelt würde.[412] Mittels eines solchen Informationsblattes könnte sich der

411 Europäische Kommission, Spezial Eurobarometer Nr. 289 „Verbraucherschutz im Binnenmarkt", S. 133, abzurufen unter http://ec.europa.eu/consumers/strategy/docs/eurobar_298_report_de.pdf.

412 Europäische Kommission, Spezial Eurobarometer Nr. 289 „Verbraucherschutz im Binnenmarkt", S. 133, abzurufen unter http://ec.europa.eu/consumers/strategy/docs/eurobar_298_report_de.pdf.

Kunde eingehend informieren. Eine 100%ige Vereinheitlichung der Rechtssysteme ist dann gar nicht mehr nötig und jeder Mitgliedsstaat würde eine gewisse Autonomie in der Gesetzgebung erhalten.

Diese Erkenntnis unterstützt auch das Ergebnis der Arbeit von Heimann, der darauf hinweist, dass letztendlich gewährleistet sein muss, dass auf nationaler Ebene den verschiedenen Erfahrungen, Traditionen und Kundengewohnheiten Rechnung getragen werden muss. Daher muss es im Rahmen der anerkannten Rechtfertigung von Beschränkungen des Binnenmarktes letztendlich dem nationalen Gesetzgeber überlassen sein, inhaltlich zwingende Regelungen zu erlassen.[413]

Auch dürfen Kunden nicht gehindert werden, sich absichtlich und in Kenntnis der dadurch entstehenden Gefahren einem fremden Rechtssystem zu unterwerfen[414] mit der Folge, dass zwingende Regelungen, wie sie der Heimatstaat vorschreibt, nicht zur Anwendung kommen.

(c) Lückenhafte (Voll) Harmonisierung

Zu welchen Ergebnissen der Versuch – und dieser Begriff ist hier absichtlich gewählt – führen kann, ein Rechtsgebiet einer Vollharmonisierung zu unterwerfen, kann mustergültig an der neuen Verbraucherkreditrichtlinie aufgezeigt werden. Nicht nur, dass der Richtlinienprozess mit gut sechs Jahren extrem lange gedauert hat.[415] Da die Vollharmonisierung zur Folge hat, dass die in der Richtlinie geregelten Bereiche den nationalen Gesetzgebern nahezu jeglichen Handlungsspielraum nehmen, war der Richtlinienprozess durchsetzt von Kompromissen, in Folge derer einige Bereiche schließlich ganz aus der Richtlinie gestrichen wurden. In diesem Richtlinienprozess war zu beobachten, dass die Mitgliedstaaten insbesondere aus folgendem Grund eine Vielzahl an Ausnahmen durchgesetzt haben:

Der vollharmonisierende Charakter der Verbraucherkreditrichtlinie macht es den nationalen Gesetzgebern nicht nur unmöglich, von den Richtlinienvorgaben nach unten abzuweichen, sondern er verbietet auch ein Abweichen nach oben. Hierdurch geht den Mitgliedstaaten jedoch eine wichtige Flexibilität beim Umsetzungsprozess verloren. Im Gegensatz zur Mindestharmonisierung gestaltet sich die Anpassung der Richtlinienvorgaben an die nationale Gesetzeslage bei der Vollharmonisierung um ein Vielfaches schwieriger.[416] Dies hat wiederum

---

413 Heimann, Verbraucherschutz, S. 210 f., m.w.N.

414 Heimann, Verbraucherschutz, S. 211; speziell für das Versicherungsrecht ders., S. 113.

415 Der erste Richtlinienvorschlag datiert aus dem Jahr 2002, KOM (2002) 443 endg.

416 Gsell/Schellhase, JZ 2009, 20, 26 f., m.w.N.

zur Folge, dass die ausgeklammerten Regelungsbereiche nun vollkommen den nationalen Vorschriften unterfallen und auf Unionsebene nicht einmal mehr ein gemeinsamer Mindeststandard festgelegt wurde. In diesem Punkt unterscheiden sich vollharmonisierte jedoch in keiner Weise von mindestharmonisierten Richtlinien. Beide Richtlinienformen können selbstverständlich nur in den Bereichen angewendet werden, auf die sie sich auch beziehen.[417] Mit anderen Worten: Was in der Richtlinie nicht geregelt ist, unterfällt auch nicht den gesetzten Maßstäben. Es ist naheliegend und nachvollziehbar, dass nationale Interessen dazu führen, dass bei vollharmonisierten Richtlinien versucht wird, wesentlich mehr Anwendungsfelder aus dem Geltungsbereich der Richtlinie auszuklammern, als dies bei mindestharmonisierenden Richtlinien der Fall ist. Je mehr Geltungsbereiche jedoch aus dem Anwendungsbereich einer Richtlinie ausgeklammert werden, desto lückenhafter ist nachher der gemeinsame Rechtsstand bzw. Rechtsschutz. Mithin kann auch mittels Vollharmonisierung eine Rechtszersplitterung nicht verhindert werden, solange einzelne Rechtsaspekte aus dem Anwendungsbereich ausgeklammert und damit gar nicht geregelt werden.[418] Dies erhöht die ohnehin gegebene Lückenhaftigkeit von Richtlinien nur noch weiter. Die den europäischen Gesetzgeber einschränkenden Prinzipien der begrenzten Einzelermächtigung und der Subsidiarität wirken sich auch bei vollharmonisierten Richtlinien aus. So wird es dem europäischen Gesetzgeber niemals möglich sein, die Regelungen einer Richtlinie auf sämtliche mit dem jeweiligen Thema in Berührung stehenden Rechtsbereiche auszudehnen.[419] Aspekte wie Erwägungsgrund Nr. 9 der neuen Verbraucherkreditrichtlinie, der erklärt, dass es den Mitgliedstaaten frei stehen soll, innerstaatliche Rechtsvorschriften einführen oder beibehalten zu können, soweit sie von der Harmonisierung der Richtlinie nicht betroffen sind, besitzen daher auch nur deklaratorischen Charakter.

(d) Fazit

Nach alledem erscheint es wesentlich angebrachter und auch effektiver im Sinne eines funktionierenden Kundenschutzes, dass der Unionsgesetzgeber sich bei der Richtliniengebung darauf beschränkt, die wesentlichen Mindeststandards zu

---

417 Siehe auch Gsell/Schellhase, JZ 2009, 20, 21 f.; Riehm/Schreindorfer, GPR 2008, 244 245.

418 Gsell/Schellhase, JZ 2009, 20, 23, die zur Veranschaulichung im Folgenden das Bild eines löchrigen Käses bemühen, bei dem den nationalen Gesetzgebern die Freiheit bleibt, die Löcher mittels nationaler Vorschriften auszufüllen.

419 Siehe auch Gsell/Schellhase, JZ 2009, 20, 23.

identifizieren und einheitlich zu regeln. Darüber hinaus muss jedem Mitgliedstaat die Möglichkeit einer weiter reichenden Regelung gegeben bleiben. Auch auf diese Art und Weise wird sich im Laufe der Zeit der Schutzstandard weiter erhöhen und an die jeweils geltenden Marktbedingungen anpassen.

X. Effektiver Kundenschutzansatz

Im Rahmen der vorliegenden Arbeit wurde aufgezeigt, dass Informationen die Basis einer jeden Kaufentscheidung bilden. Eine freie und vor allem eigenverantwortliche Kaufentscheidung kann ein Kunde nur dann treffen, wenn er über die wesentlichen Umstände des jeweiligen Rechtsgeschäftes informiert ist und diese Informationen auch richtig verarbeiten kann. Insbesondere im Bereich der Finanzdienstleistungen sieht sich der moderne Kunde erheblichen Herausforderungen gegenüber. Zum einen kommt ein Mitglied der Gesellschaft heute nicht mehr ohne Finanzprodukte aus. Sei es, weil etwa ein Versicherungszwang besteht oder aber die Lebensumstände den Erwerb eines bestimmten Finanzproduktes notwendig machen. Zum anderen gibt es wenige Rechtsgeschäfte, die sich derart stark auf sämtliche Lebensbereiche des Kunden auswirken wie Finanzgeschäfte. Dennoch verfügen die meisten Kunden nicht über das ausreichende Wissen oder einen entsprechenden Erfahrungswert, um für sich stets das geeignetste Produkt auswählen zu können.

Dem Kunden müssen vor Vertragsschluss die wesentlichen ökonomischen Daten und Zusammenhänge bekannt sein, damit er überhaupt in der Lage ist, die unterschiedlichen Finanzprodukte in ihrer grundsätzlichen Funktionsweise zu erfassen und in seine konkrete Lebenssituation und Zukunftsplanung einzuordnen. Nur wenn der Kunde hierin unterstützt wird und sichergestellt ist, dass vor Vertragsschluss die wesentlichen Informationen bekannt sind, besteht für jeden die Chance, ein für ihn geeignetes Produkt am Markt zu finden. Es ist selbstverständlich, dass es nicht Ziel sein kann, stets das beste Produkt zu finden. Dazu sind die Kapitalmärkte inzwischen zu groß, globalisiert und unüberschaubar. Auch kann nicht gewollt sein, dass dem Kunden bestimmte Produkte aufgezwungen werden oder er unter allen Umständen vor der Wahl eines ungünstigen Produktes zu schützen ist. Eine freie und eigenverantwortliche Entscheidung treffen zu dürfen bedeutet eben auch, dass eine sich selbst schädigende Entscheidung getroffen werden darf. Die Privatautonomie darf nur modifiziert bzw. unterstützt, nicht aber aufgehoben werden. Aber es sollte das Ziel einer jeden vernünftigen Finanzmarktschutzpolitik sein, dass die Kunden die Chancen und Risiken kennen, die sie mit dem Vertragsschluss eingehen.

Es sei auch noch einmal darauf hingewiesen: Nicht nur für den Kunden ist der Abbau von Informationsasymmetrien am Finanzmarkt von wesentlicher Bedeutung. Auch die Finanzdienstleister und sämtliche andere Marktintermediäre haben ein ureigenes Interesse an informierten Kunden. Ein aufgeklärter Kunde besitzt viel mehr Vertrauen in die Finanzmärkte, als ein uninformierter, der ständig mit der – zum Teil auch unbegründeten – Angst vor Verlusten leben muss, da er aufgrund mangelnden Wissens die Gefahren, aber auch die Chancen der Finanzmärkte nicht richtig einzuschätzen vermag. Ein aufgeklärter und gut informierter Kunde wird infolgedessen viel eher bereit sein, sein Geldvermögen den Kapitalmärkten zur Verfügung zu stellen. Und nur so kann sichergestellt werden, dass den Märkten auch genügend Geldmittel zur Verfügung stehen, die diese wiederum zum Verteilen an die Geldempfänger dringend benötigen. Je besser die Kunden also informiert und aufgeklärt sind, desto besser können diese die Kapitalallokation auf den Märkten und somit das wirtschaftliche Wachstum unterstützen und fördern.[420]

Damit stellen die Punkte Finanzwissen und Informationspflichten die wesentlichen Eckpunkte eines modernen und effizienten Kundenschutzmodells dar. Die sich anschließenden Kundenrechte wie Widerrufsrechte, Schadensersatzansprüche oder inhaltlich zwingende gesetzliche Regelungen können nur dazu dienen, im Einzelfall als Korrektiv einzugreifen. Keinesfalls kann ein Kundenschutzmodell nur oder ganz überwiegend auf diesen Schutzmechanismen beruhen. Auch berufsrechtliche Vorgaben für die Finanzvermittler vermögen allein noch keinen ausreichenden Kundenschutz zu bewirken. Denn auch diese Regelungen können nur einem kundigen Kunden dienlich sein. Ein unwissender Kunde wird im Zweifel nicht einmal einen Verstoß gegen die berufsrechtlichen Vorgaben bemerken und wäre somit gar nicht in der Lage, sich gegen einen solchen Verstoß zur Wehr zu setzen.

Auch die Informationspflichten alleine sind kein Allheilmittel. Diese können ihre Wirkung nur dann entfalten, wenn sie vom Kunden wahrgenommen und dann richtig interpretiert werden. Hierzu ist es erforderlich, dass der Kunde davor bewahrt wird, durch immer mehr Information vor neue Konflikte gestellt zu werden. Wie herausgearbeitet wurde, kann ein Kunde nur eine begrenzte Zahl an produktspezifischen neuen Informationen verarbeiten und für sich nutzen. Dies macht es erforderlich, dass der Gesetzgeber sich zunächst darauf konzentriert, dass die Kunden langfristig entsprechend ausgebildet werden, sodass ihnen die grundsätzlichen Mechanismen der Finanzmärkte und einzelnen Produkte

---

420 So auch Brandt, Aufklärungs- und Beratungspflichten, S. 76.

bekannt sind. Hier setzt die Bildungsoffensive der Europäischen Union an. Der Unionsgesetzgeber hat vollkommen zutreffend erkannt, dass nur eine solide und langfristig angelegte Kundenbildung der Grundstein für einen effektiven Kundenschutz ist. Auf diese Weise genügt es später bei der konkreten Produktwahl dem Kunden nur noch wenige entscheidende und produkt-spezifische neue Informationen anzubieten, um ihn in die Lage zu versetzen, das für ihn geeignete Produkt auszuwählen.

Naturgemäß ist dieser neue Ansatz nicht über Nacht umzusetzen. Auch kann die Kundenbildung nur diejenigen Kunden flächendeckend erreichen, die noch in der Ausbildung befindlich sind – also in erster Linie die Kunden von morgen. Dies ist jedoch kein Argument gegen den neuen Schutzansatz. Wie bereits oben gezeigt, ist der Kunde auf den Finanzmärkten schon heute nicht ungeschützt. Es gibt zahlreiche Informationspflichten und Schutzrechte sowie berufsrechtliche Vorgaben, die im Sinne des Kundenschutzes entwickelt und umgesetzt wurden. Insbesondere in Deutschland besteht auf dieser Weise schon heute ein sehr hoher Kundenschutz.

Bei der Frage nach der Neuausrichtung des Kundenschutzes auf den Finanzmärkten geht es also um die Frage, wie dieser so weiterentwickelt werden kann, dass der Schutzstandard auch in Zukunft hoch ist und gleichzeitig der rasanten Marktentwicklung und den verschiedenen Interessen der Marktteilnehmer auf beiden Vertragsseiten Rechnung getragen werden kann.

Um dieses Ziel zu erreichen, werden zukünftig Informationspflichten alleine nicht ausreichen. Die Komplexität des Marktes ist dem Kunden mit wenigen begreifbaren Informationen nicht mehr klar zu machen. Hier bedarf es einer langfristig angelegten Ausbildung, um den Kunden nicht in den entscheidenden Situationen zu überfordern. Dieses Grundwissen des Kunden ist dann in den jeweiligen Erwerbssituationen, um wesentliche spezifische Informationen zu ergänzen.

Auch der Abbau der Hemmungen, Finanzprodukte im Ausland zu erwerben, gehört zu einem effektiven und modernen Kundenschutzkonzept.[421] Denn andernfalls werden dem Kunden die Chancen genommen, im Ausland ein möglicher Weise für ihn günstigeres Finanzprodukt zu finden. Dieser Abbau kann ebenfalls durch Bildung deutlich vorangetrieben werden. Denn die meisten Vorbehalte gegen Produkte oder Dienstleistungen aus dem Ausland – und dies betrifft nicht nur Finanzprodukte – ist durch Unkenntnis des Kunden über die Gepflogenheiten oder Regelungen in den betreffenden Ländern begründet.

421 So auch KOM 1999, 232 (FSAP), S. 9.

Darüber hinaus bietet es sich an, eine standardisierte Form der Informationsbereitstellung zu entwickeln, sodass der Kunde in die Lage versetzt wird, Produkte und Dienstleistungen grenzüberschreitend zu vergleichen. Hier sollte das durch die VVG-InfoV eingeführte Informationsblatt als Vorlage dienen. Wie gesehen kann es nicht Ziel sein, dem Kunden Unmengen an Information zur Verfügung zu stellen. Gerade bei einem vorinformierten Kunden kommt es vielmehr darauf an, ihm kurz und prägnant die essentiellen Merkmale des Produktes bzw. der Dienstleistung darzulegen, damit er diese bei verschiedenen Angeboten vergleichen kann. Hier kommt es darauf an, dass die Informationsblätter die gleichen Angaben enthalten und vergleichbar aufgebaut sind.

Es ist klar, dass eine solche Neuausrichtung nicht im Rahmen eines nationalen Alleingangs umzusetzen ist. Hierzu bedarf es zwingend eines unionsweiten Konsenses. Ein entsprechender Gesetzgebungsprozess sollte jedoch nicht das Ziel der Maximalharmonisierung verfolgen. Wie dargelegt birgt diese Vorgehensweise stets das Risiko, dass der Prozess lange dauert und (zu) viele Kompromisse eingegangen werden müssen, um alle nationalen Interesse zu wahren. Bei der Größe der Europäischen Union kann ein zwanghaftes Festhalten an der Maximalharmonisierung auch zu einem (vorübergehenden) Stillstand der Fortentwicklung führen. Oder es kann auf sich ändernde Marktbedingungen nicht in angemessener Zeit reagiert werden. Dies kann keinesfalls im Interesse des Kundenschutzes sein.

Etwas anderes muss jedoch für die soeben erwähnten standardisierten Informationsblätter gelten. Für den Erfolg dieses Informationstools ist es essentiell, dass dieses auch wirklich vergleichbar ist. Dies wird regelmäßig nur dann gewährleistet werden können, wenn die Darstellung der Informationen grenzübergreifend gleich ist. Andernfalls kann der Kunde durch verschiedene Aufmachungen und unterschiedliche Inhalte dieses Informationsangebot gar nicht nutzen. Aus diesem Grund sollten die Regelungen betreffend Inhalt und Gestaltung der Informationsblätter im Rahmen der Maximalharmonisierung erlassen werden, um die zwingend erforderliche Einheitlichkeit zu garantieren.

Auch die Erarbeitung von Ausbildungskonzepten zur Vermittlung von Finanzwissen kann nicht den Mitgliedstaaten alleine überlassen werden. Schon 2007 hat die Kommission in einer in Auftrag gegebenen Studie festgestellt, dass die Ausbildungsprogramme hinsichtlich der Vermittlung von Finanzwissen in den Mitgliedstaaten ganz unterschiedlich sind.[422] Während in dem Vereinigten

422 Evers & Jung, Financial Literacy Schemes, abrufbar unter: http://ec.europa.eu/finance/finservices-retail/docs/capability/report_survey_en.pdf; zuletzt abgerufen am 10. Januar 2016. Die Agentur Evers & Jung Financial Services Retail and Consulting

Königreich, Deutschland und Österreich eine Vielzahl an eigenständigen Initiativen zu verzeichnen war, haben sich viele osteuropäische Länder ganz auf Gemeinschaftsaktivitäten verlassen und keine eigenständigen Initiativen gestartet.[423] Dies zeigt, dass ein solches Bildungsprogramm nur dann Erfolg haben kann, wenn es unionsweit einheitlich gesteuert wird. Nur so kann auch gewährleistet werden, dass grenzüberschreitende Transaktionen gerade bei Privatkunden gefördert werden und Vorurteile gegenüber ausländischen Märkten abgebaut werden.

hat für Ihre Untersuchung in der Zeit von Januar bis November 2007 insgesamt 180 Initiativen in den 27 Mitgliedstaaten der EU untersucht und anschließen mit o.g. Studie eine umfassende Auswertung abgeliefert.

423 Ebenda, S. 3.

J. Ergebnis

Die vorstehende Arbeit hat im Wesentlichen folgende Ergebnisse geliefert:

Obwohl der Kundenschutz bei Finanzdienstleistungen ein intensiv und viel diskutiertes Rechtsgebiet ist, sind wir noch immer weit von einem einheitlichen Regelungsgegenstand entfernt. Und dies obwohl der Markt für Finanzdienstleistungen nicht nur für jeden einzelnen Teilnehmer von erheblicher Bedeutung ist, sondern auch für die Gesellschaft und für den gesamten Wirtschaftsmarkt. Nur bei einem funktionierenden Finanzmarkt, dem die Kunden vertrauen, kann von diesem die für die Gesellschaft und Wirtschaft wichtige Funktion des Kapitaleinsammelns und interessengerechten Verteilens geleistet werden.

Es wurde festgestellt, dass der Gesetzgeber nach wie vor die historisch bedingte, aber nicht mehr zeitgemäße Unterscheidung bei Finanzdienstleistungen zwischen Versicherungsdienstleistungen und Bankdienstleistungen vornimmt. Das Erstarken von Hybridprodukten und Allfinanzdienstleistern hebt diese Trennung aber faktisch auf. Im Interesse möglichst einheitlicher Reglungen muss auch der Gesetzgeber dieser Aufhebung Rechnung tragen.

Auch ist es erforderlich, dass der zu schützende Personenkreis bei Finanzdienstleistungen einheitlich festgelegt und definiert wird. Aufgrund der Reichweite und Bedeutung von Finanzdienstleistungen kann der besondere Schutz sich nicht nur auf Verbraucher im Sinne von § 13 BGB erstrecken. Wie in den Regelungen des WpHG richtig erkannt wurde, muss grundsätzlich jeder Kunde von Finanzdienstleistungen diesem gesetzlichen Schutz unterstehen, wenn nicht in begründeten Ausnahmefällen von einem Schutz abgesehen werden kann. Dies etwa dann, wenn der Kunde selber auch als Anbieter von Finanzdienstleistungen am Markt auftritt. Im WpHG werden diese Kunden geeignete Gegenpartei genannt.

Das sowohl vom Unions- als auch nationalen Gesetzgeber primär verfolgte Schutzkonzept des Informationsmodells ist als das vorzugswürdige Schutzkonzept anzusehen. Denn es greift in die Privatautonomie wesentlich weniger ein, als andere denkbare Schutzkonzepte, wie etwa zwingende inhaltliche Vorgaben für die Produkt- und Dienstleistungsgestaltung oder erweiterte Rücktritts- und Widerrufsrechte.

Das Informationsmodell lässt dem Anbieter einen möglichst weiten Spielraum bei der Angebotsgestaltung. Dafür muss dieser dann den Kunden auch entsprechend über den Inhalt seines Angebotes aufklären.

Es wurde jedoch festgestellt, dass die derzeitige Ausgestaltung der Informationspflichten zu umfassend ist. In dem Bestreben, den Kunden immer besser aufzuklären, wurden und werden auch weiterhin immer neue Informationspflichten festgeschrieben. Dabei wird die Aufnahmefähigkeit der Kunden jedoch immer mehr aus dem Fokus gelassen und überfordert. Schon heute ist ein durchschnittlicher Kunde nicht mehr in der Lage, die ihm überlassenen Informationen richtig zu erfassen und zu verarbeiten.

Dies führt unweigerlich dazu, dass die Kunden die Informationen nur noch selektiv erfassen und verarbeiten können. Es liegt auf der Hand, dass ein solcher Umstand nicht nachhaltig dazu beiträgt, dass der Kunde eine für ihn bessere Entscheidung trifft.

Es bedarf also flankierender Maßnahmen, um aus dem Informationsmodell ein Schutzsystem zu kreieren, welches den Kunden effektiv schützt und dazu befähigt, eine überlegte und durchdachte Entscheidung zu treffen.

Dies lässt sich nur verwirklichen, wenn der Kunde auch außerhalb von konkreten Verkaufssituationen sich mit dem Thema Finanzdienstleitungen und Funktionsweise des Kapitalmarktes beschäftigt. Hierzu bedarf es eines langfristig angelegten und unionsweit abgestimmten Ausbildungskonzeptes. Denn nur ein entsprechend ausgebildeter und vorinformierter Kunde ist in der Lage auf dem Kapitalmarkt ein für ihn geeignetes Angebot zu suchen und die Angebote auch zu verstehen. Hierbei handelt es sich jedoch um eine langfristige Lösung, die aber den Schwächen des Informationsmodells kurzfristig nicht entgegen wirken kann.

Deshalb ist vom Gesetzgeber – unabhängig vom Wissensstand der Kunden – auch immer zu hinterfragen, ob einzelne Informationspflichten wirklich notwendig im Sinne eines funktionierenden Kundenschutzes sind. Seit der Finanzmarktkrise von 2008 ist die Anzahl der Informationspflichten deutlich gestiegen. Im Laufe der vorliegenden Arbeit konnte aber auch nachgewiesen werden, dass die bestehenden Informationspflichten nicht geeignet sind, den Kunden entsprechend zu informieren. Als vertrauensbildende Maßnahme in den Finanzmarkt war vom Gesetzgeber beispielsweise die Pflicht geschaffen worden, das Vertriebsprovisionen offen zu legen sind. Der Kunde sollte erkennen, welches finanzielle Interesse der Dienstleister am Verkauf seines Angebotes hat. Auch die sonstigen Kosten, die mit der angefragten Finanzdienstleistung im Zusammenhang stehen, sollten dem Kunden aufgezeigt werden. Es konnte in der Arbeit jedoch aufgezeigt werden, dass dieses Ziel nicht nur mit dem aktuellen Gesetzeswortlaut, sondern auch auf anderem Weg nicht erreichbar ist. Auch während der Vertragslaufzeit fallen bei der Geldanlage Kosten an, die bei Vertragsschluss noch gar nicht abschließend benannt werden können, sondern ich oftmals erst im Laufe der Vertragszeit ergeben. Diese Kosten können unter Umständen aber eine größere Auswirkung auf die Rendite haben, als die Vertriebsprovisionen. Um dies zu verstehen, ist es erforderlich, dass der Kunde entsprechend ausgebildet ist.

Die Effektivität des aktuellen Kundenschutzes bei Finanzdienstleistungen lässt sich zusammengefasst damit mit folgenden Maßnahmen auch schon kurzfristig, aber auch langfristig erhöhen:

1. Aufgeben der Trennung in Versicherungs- und Bankdienstleistungen hin zu einem einheitlichen Markt für Finanzdienstleistungen.
2. Klare Definition des zu schützenden Personenkreises nach dem Vorbild des WpHG.
3. Reduzierung der Informationspflichten auf die wirklich wesentlichen und entscheidenden Informationen:
   a) Wieviel und wofür muss der Kunde Geld bezahlen?
   b) Welche Leistung und welchen Ertrag bekommt er für sein Geld?
   c) Mit wem schließt er den Vertrag?
4. Schaffung und Etablierung eines langfristig angelegten Ausbildungskonzeptes.

Literaturverzeichnis

I. Bücher und Aufsätze

Akerlof, George, The market for lemons: quality uncertainty and the market mechanism, in: The Quarterly Journal of Economics, Vol. 84 1970.

Assmann, Heinz-Dieter, Prospekthaftung als Haftung für die Verletzung kapitalmarktbezogener Informationsverkehrspflichten nach deutschem und US-amerikanischem Recht, Köln 1985.

Bamberger, Heinz Georg/ Roth, Herbert/Hau, Wolfgang/Poseck, Roman (Hrsg.), Beck'scher Online Kommentar zum BGB, 46. Edition (01.05.2018), München 2018, zit.: Bearbeiter, in: BeckOK, 46. Edition.

Bebié, André, Käuferverhalten und Marketing-Entscheidung, Wiesbaden 1978.

Behrens, Gerold, Konsumentenverhalten: Entwicklung, Abhängigkeiten, Möglichkeiten, 2. Auflage, Heidelberg 1992.

Berndt, Hermann, Konsumentscheidung und Informationsüberlastung – der Einfluß von Quantität und Qualität der Werbeinformation auf das Konsumentenverhalten (eine empirische Untersuchung), München 1983.

Berndt, Hermann, Qualitative Informationsgestaltung als Mittel gegen eine Informationsüberlastung des Konsumenten – eine empirische Untersuchung, in: Der Markt 1984, S. 43 ff.

Borchert, Günther, Verbraucherschutzrecht, München 1994.

Brandt, Markus, Aufklärungs- und Beratungspflichten der Kreditinstitute bei der Kapitalanlage: Wertpapiergeschäftliche Informationspflichten im Spiegel kapitalmarktlicher Effizienz (Studien zum Bank- und Börsenrecht), 1. Auflage; Baden-Baden 2002.

Breidenbach, Stefan, Die Voraussetzungen von Informationspflichten beim Vertragsschluß, München 1989.

Bülow, Peter/Artz, Markus (Hrsg.), Handbuch Verbraucherprivatrecht, Heidelberg 2005, zit.: Bearbeiter in: Bülow/Artz, Verbraucherprivatrecht.

Clouth, Peter/Lang, Volker, MiFID-Praktikerbuch: Neue Verhaltenspflichten für Banken und Sparkassen im Wertpapiergeschäft durch Gesetzgeber und Bankenaufsicht, Heidelberg 2007.

Deutsch, Erwin, Das neue Versicherungsvertragsrecht: mit dem Text des VVG 2008 – Ein Grundriss, Karlsruhe 2008.

Derleder, Peter (Hrsg.), Handbuch zum deutschen und europäischen Bankrecht, 2. Auflage, Berlin 2009, zit.: Bearbeiter, in: Derleder, Handbuch BankR.

Drexl, Josef, Die wirtschaftliche Selbstbestimmung des Verbrauchers: eine Studie zum Privat- und Wirtschaftsrecht unter Berücksichtigung gemeinschaftsrechtlicher Bezüge, Tübingen 1998.

Eichenhofer, Eberhard, Die sozialpolitische Inpflichtnahme von Privatrecht JuS 1996, 857 ff.

Emmerich, Volker, Kartellrecht: Ein Studienbuch, 12. Auflage, München 2010.

Engelhardt, Janine, Europäisches Verbrauchervertragsrecht im BGB: Eine systematische Untersuchung der §§ 13, 14, 361a und 361b BGB und Induktion weiterführender Ansätze aus HTWG, VerbrKrG, AGBG, TzWrG und FernAG, Frankfurt am Main 2001.

Everling, Ulrich/Roth, Wulf-Henning, Mindestharmonisierung im Europäischen Binnenmarkt, Referate des 7. Bonner Europa-Symposiums vom 27. April 1996, Baden-Baden 1997.

Evers & Jung, Forschungs- und Beratungsinstitut, Anforderungen an Finanzvermittler – mehr Qualität, bessere Entscheidungen, zit.: Evers/Jung, Finanzvermittler.

Evers & Jung, Forschungs- und Beratungsinstitut, Survey of Financial Literacy Schemes in the EU27, zit.: Evers & Jung, Financial Literacy Schemes.

Fezer, Karl-Heinz, Aspekte einer Rechtskritik an der economic analysis of law und am property rights approach, in: JZ 1986, S. 816 ff.

Fezer, Karl-Heinz, Nochmals - Kritik an der ökonomischen Analyse des Rechts, in: JZ 1988, 223 ff.

Finsinger, Jörg, Verbraucherschutz auf Versicherungsmärkten: Wettbewerbsbeschränkungen, staatliche Eingriffe und ihre Folgen, München 1988.

Franz, Einiko, Das Versicherungsvertragsrecht im neuen Gewand – Die Neuregelungen und ausgewählte Probleme, in: VersR 2008, 298 ff.

Fritsch, Michael/Wein, Thomas/Evers, Hans-Jürgen, Marktversagen und Wirtschaftspolitik: Mikroökonomische Grundlagen staatlichen Handelns, 9. Auflage, München 2014.

Früh, Werner, Lesen, Verstehen, Urteilen: Untersuchungen über den Zusammenhang von Textgestaltung und Textwirkung, Freiburg 1980.

Gaul, Rudolf, Zum Abschluss des Versicherungsvertrags – Alternativen zum Antragsmodell?, in: VersR 2007, 21 ff.

Gilles, Peter, Das Recht des Direktmarketing: Kundenwerbung und Verträge außerhalb von Geschäftsräumen, Heidelberg 1982.

Gornig, Gilbert, Der eigenständige Allfinanz-Vertrieb – Unter Berücksichtigung hierarchischer Vertriebssysteme, 2. Auflage, nicht veröffentlichtes Gutachten, Marburg 2007.

Grundmann, Stefan, Privatautonomie im Binnenmarkt, in: JZ 2000, 1133 ff.

Grundmann, Stefan, Systembildung und Systemlücken in Kerngebieten des Europäischen Privatrechts: Gesellschaftsrecht, Arbeitsrecht, Schuldvertragsrecht, Tübingen 2000.

Gsell, Beate/Schellhase, Hans Martin, Vollharmonisiertes Verbraucherkreditrecht – Ein Vorbild für die weitere europäische Angleichung des Verbrauchervertragsrechts?, in: JZ 2009, 20 ff.

Hacker, Philipp, Verhaltensökonomik und Normativität, Tübingen 2017.

Heimann, Josef, Zwingender Verbraucherschutz und Grundfreiheiten im Bereich der Finanzdienstleistungen, Karlsruhe 2005.

Hippel, Eike von, Verbraucherschutz, 3. Auflage, Tübingen 1986.

Hopt, Klaus, Der Kapitalanlegerschutz im Recht der Banken: gesellschafts-, bank- und börsenrechtliche Anforderungen an das Beratungs- und Verwaltungsverhalten der Kreditinstitute, München 1975.

Kalss, Susanne, Anlegerinteressen: der Anleger im Handlungsdreieck von Vertrag, Verband und Markt, Wien 2001.

Kemper, Rainer, Verbraucherschutzinstrumente, Baden-Baden 1994.

Kilian, Wolfgang/Scheja, Gregor, Freier Datenfluss im Allfinanzkonzern, in: Betriebsberater Beilage 2002, Nr. 3, S. 19 ff.

Kind, Sandra, Die Grenzen des Verbraucherschutzes durch Information – aufgezeigt am Teilzeitwohnrechtsgesetz, Berlin 1998.

Koch, Hans Dieter/Schmidt, Reinhard, Ziele und Instrumente des Anlegerschutzes, in: BFuP 1981, S. 231 ff.

Köndgen, Johannes, Selbstbindung ohne Vertrag: zur Haftung aus geschäftsbezogenem Handeln, Tübingen 1981.

Köndgen, Johannes, Darlehen, Kredit und finanzierte Geschäfte nach neuem Schuldrecht – Fortschritt oder Rückschritt?, in: WM 2001, 1637 ff.

Krings, Günter, Grund und Grenzen grundrechtlicher Schutzansprüche: die subjektiv-rechtliche Rekonstruktion der grundrechtlichen Schutzpflichten und ihre Auswirkung auf die verfassungsrechtliche Fundierung des Verbrauchervertragsrechtliche Fundierung des Verbraucher-vertragsrechts, Berlin 2003.

Kübler, Friedrich, Transparenz am Kapitalmarkt - Wirtschaftspolitische Grundfragen aktueller Regelungsprobleme, in: AG 1977, S. 85 ff.

Kübler, Friedrich, Anlageberatung durch Kreditinstitute, in: ZHR 145 (1981), S. 204 ff.

Kümpel, Siegfried, Bank- und Kapitalmarktrecht, 3. Auflage, Köln 2004.

Kümpel, Siegfried, Die allgemeinen Verhaltensregeln des Wertpapierhandelsgesetzes, in: WM 1995, 689 ff.

Kümpel, Siegfried, Verbraucherschutz im Bank- und Kapitalmarktrecht, in: WM 2005, 1 ff.

Kuß, Alfred, Käuferverhalten: Eine marketing-orientierte Einführung, 4. Auflage, Stuttgart 2007.

Lampe, Barbara, Die Informationspflicht des Wertpapier-dienstleistungsunternehmens nach § 31 Abs. 3 WpHG, Hamburg 2011.

Landmann, Robert von/Rohmer, Gustav, Gewerbeordnung und ergänzende Vorschriften: GewO – Kommentar, Band II: Ergänzende Vorschriften, 73. EL, München 2016.

Lange, Markus, Informationspflichten von Finanz-dienstleistern: zivilrechtliche Vorfeld-pflichten bei Anlagegeschäften an Finanz- und Terminmärkten unter Berücksichtigung der §§ 31, 32 WpHG, Berlin 2000.

Langheid, Theo, Die Reform des Versicherungs-vertragsgesetzes - 1. Teil: Allgemeine Vorschriften, in: NJW 2007, 3665 ff.

Langheid, Theo, Die Reform des Versicherungs-vertragsgesetz - 2. Teil: Die einzelnen Versicherungssparten, in: NJW 2007, 3745 ff.

Lehmann, Michael, Die bürgerliche Haftung für Werbeangaben – Culpa in contrahendo als Haftungsgrundlage für vertragsanbahnende Erklärungen, in: NJW 1981, 1233 ff.

Martinek, Michael/Semler, Franz-Jörg/Habermeier, Stefan/Flohr, Eckhard, Handbuch des Vertriebsrechts, 3. Auflage, München 2010.

Medicus, Dieter, Wer ist Verbraucher?, in: Leser, Hans / Isomura, Tamotsu (Hrsg.): Wege zum japanischen Recht: Festschrift für Zentaro Kittagawa zum 60. Geburtstag am 5. April 1992, S. 471 ff.

Meffert, Heribert/Steffenhagen, Hartwig/Freter, Hermann, Konsumentenverhalten und Information, Wiesbaden 1979.

Meixner, Oliver/Steinback, René, Das neue Versicherungsvertragsrecht, München 2008.

Ohler, Christoph, Der Status von Finanzdienstleistungen in EGV und GATS, in: ZEuS 2002, 321 ff.

Ortmann, Mark, Werden Kosten von Lebensversicherungen transparent? - Ein Beitrag zur Kostentransparenz bei Lebensversicherungen unter Berücksichtigung des Renditeeffekts nach GDV und der Effektivkosten nach ITA, in: VuR 2008, 256 ff.

Padberg, Daniel, Non-use benefits of mandatory consumer information programs, in: JcP 1977, S. 5 ff.

Palandt, Otto, Bürgerliches Gesetzbuch: mit Neben-gesetzen, Kommentar, 74. Auflage, zit.: Bearbeiter, in: Palandt, 74. Aufl.

Palandt, Otto, Bürgerliches Gesetzbuch: mit Nebengesetzen, Kommentar, 77. Auflage, zit.: Bearbeiter, in: Palandt, 77. Aufl.

Präve, Peter, Die VVG-Informationspflichten-verordnung, in. VersR 2008, 151 ff.

Prölss, Jürgen/Martin, Anton, Versicherungsvertragsgesetz: VVG, 28. Auflage, München 2010.

Randow, Philipp von, Rating und Regulierung, in: ZBB 1995, S. 140 ff.

Remien, Oliver, Zwingendes Vertragsrecht und Grundfreiheiten des EG-Vertrages, Tübingen 2003.

Riehm, Thomas/Schreindorfer, Bendeikt, Das Harmonisierungskonzept der neuen Verbraucherkreditrichtlinie, in: GPR 2008, 244 ff.

Römer, Wolfgang, Die Reform des Versicherungsvertragsrechts, in: HFR 2009, S. 175 ff.

Römer, Wolfgang, Zu ausgewählten Problemen der VVG-Reform nach dem Referentenentwurf vom 13. März 2006 (Teil 1), in: VersR 2006, 740 ff.

Römer, Wolfgang, Zu den Informationspflichten nach dem neuen VVG - Ein Vorblatt zu den AVB oder: weniger ist mehr, in: VersR 2007, 618 ff.

Rösler, Patrick/Werner, Stefan, Erhebliche Neuerungen im zivilen Bankrecht: Umsetzung von Verbraucherkredit- und Zahlungsdiensterichtlinie - Überblick über den Umsetzungsbedarf in der Bankpraxis anhand der vorliegenden Gesetz-entwürfe, in: BKR 2009, 1 ff.

Rost, Stephan, Informationspflichten von Wertpapier-dienstleistern ohne Beratungsangebot (Discount-Broker) gegenüber Privat-kunden: unter besonderer Berücksichtigung des § 31 Abs. 2 Nr. 2 Wertpapierhandelsgesetz (WpHG), Berlin 2001.

Roth, Wulf-Henning, Sondertagung Schuldrechtsmodernisierung – Europäischer Verbraucherschutz und BGB, in: JZ 2001, 475 ff.

Rühl, Wolfgang, Weitreichende Änderungen im Verbraucherdarlehensrecht und Recht der Zahlungsdienste, in: DStR 2009, 2256 ff.

Säcker, Franz Jürgen/ Rixecker, Roland/Oetker, Hartmut/Limperg, Bettina (Hrsg.), Münchener Kommentar zum Bürgerlichen Gesetzbuch, 7. Auflage, München 2017, zit.: Bearbeiter, in: MüKo BGB, 7. Aufl.

Schäfer, Frank/Müller, Jörg, Haftung für fehlerhafte Wertpapierdienstleistungen: Anlageberatung, Vermögensverwaltung, Börsentermingeschäfte, 2. Auflage, Köln 2008.

Schwintowski, Hans-Peter, MiFID, VVR – Zeit für (die) Neuorientierung bei den deutschen Finanzdienstleistern, Baden-Baden 2007.

Schwintowski, Hans-Peter, Erste Erfahrungen mit Kostentransparenz und Produkt-informationsblatt nach der VVG-InfoV, in: VuR 2008, 250 ff.

Schwintowski, Hans-Peter/Brömmelmeyer, Christoph, Praxiskommentar zum Versicherungsvertragsrecht, 2. Auflage, Münster 2011.

Siems Mathias, Die neue Verbraucherkreditrichtlinie und ihre Folgen, in: EuZW 2008, 454 ff.

Smith, Adam, Der Wohlstand der Nationen: Untersuchung über das Wesen und die Ursachen des Volkswohlstandes.

Spindler, Gerald/Kasten, Roman, Der neue Rechtsrahmen für den Finanzdienstleistungssektor - die MiFID und ihre Umsetzung, in: WM 2006, 1749 ff.

Spindler, Gerald/Kasten, Roman, Änderungen des WpHG durch das Finanzmarktrichtlinie-Umsetzungsgesetz (FRUG), in: WM 2007, 1245 ff.

Strube, Hartmut/Fandel, Stafanie, Verbraucherschutz bei Finanzdienstleistungen, Frankfurt am Main 2010.

Thieme, Juliane, Wertpapierdienstleistungen im Binnenmarkt: von der Wertpapierdienstleistungsrichtlinie zur MiFID, Baden-Baden 2008.

Wandt, Manfred, Versicherungsrecht, 5. Auflage, Köln 2010.

Werber, Manfred, Information und Beratung des Versicherungsnehmers vor und nach Abschluss des Versicherungsvertrags, in: VersR 2007, 1153 ff.

Wiedenmann, Kai-Udo, Verbraucherleitbilder und Verbraucherbegriff im deutschen und europäischen Privatrecht Eine Untersuchung zur Störung der Vertragsparität im Verbraucher-Unternehmer-Verhältnis und den Instrumenten zu deren Kompensation, Frankfurt am Main u.a. 2004.

II. Richtlinien / Mitteilungen

Europäische Kommission, Mitteilung: Vermittlung und Erwerb von Finanzwissen", KOM(2007) 808 endg. vom 18. Dezember 2007.

Europäische Kommission, Mitteilung: Finanzdienstleistungen: Umsetzung des Finanzmarktrahmens: Aktionsplan, KOM(1999) 232, 11. Mai 1999.

Europäische Kommission, Grünbuch vom 3. Mai 2005 zur Finanzdienstleistungspolitik (2005-2010), KOM(2005) 177 endg. – nicht im Amtsblatt veröffentlicht.

Europäische Kommission, Weißbuch der Kommission vom 1. Dezember 2005 zur Finanzdienstleistungspolitik (2005–2010), KOM(2005) 629 endg. – nicht im Amtsblatt veröffentlicht.

Europäische Kommission, Geänderter Vorschlag für eine Richtlinie des Europäischen Parlaments und des Rates zur Harmonisierung der Rechts- und

Verwaltungsvorschriften der Mitgliedstaaten über den Verbraucherkredit, zur Aufhebung der Richtlinie 87/102/EWG und zur Änderung der Richtlinie 93/13/EWG, KOM(2004) 747 endg. vom 28. Oktober 2004

Europäische Kommission, Geänderter Vorschlag der Kommission zur Überarbeitung der Verbraucherkreditrichtlinie, KOM(2005) 483 endg. vom 7. Oktober 2005.

Europäische Kommission, Mitteilung an den Rat, das Europäische Parlament und den Europäischen Wirtschafts- und Sozialausschuss „Verbraucherpolitische Strategie der EU (2007–2013) – Stärkung der Verbraucher – Verbesserung des Verbraucherwohls – wirksamer Verbraucherschutz, KOM(2007) 99 endg., S. 8.

Europäische Kommission, Grünbuch „Die Überprüfung des gemeinschaftlichen Besitzstandes im Verbraucherschutz", KOM(2006) 744 endg.

Europäisches Parlament und Rat, Richtlinie 2002/92/EG vom 9. Dezember 2002 über Versicherungsvermittlung, ABl. L 9/3 vom 15. Januar 2003, zit.: Versicherungsvermittlerrichtlinie.

Europäisches Parlament und Rat, Richtlinie 2008/48/EG vom 23. April 2008 über Verbraucherkreditverträge und zur Aufhebung der Richtlinie 87/102/EWG des Rates, ABl. L 133/66 vom 22. Mai 2008, zit.: Verbraucherkreditrichtlinie.

Europäisches Parlament und Rat, Richtlinie 2007/64/EG vom 13. November 2007 über Zahlungsdienste im Binnenmarkt, zur Änderung der Richtlinien 97/7/EG, 2002/65/EG, 2005/60/EG und 2006/48/EG sowie zur Aufhebung der Richtlinie 97/5/EG, ABl. L 319/1 vom 5. Dezember 2007, zit.: Zahlungsdiensterichtlinie.

Europäisches Parlament und Rat, Richtlinie 2004/39/EG vom 21. April 2004 über Märkte für Finanzinstrumente, zur Änderung der Richtlinien 85/611/EWG und 93/6/EWG des Rates und der Richtlinie 2000/12/EG des Europäischen Parlaments und des Rates und zur Aufhebung der Richtlinie 93/22/EWG des Rates, ABl. 145/1 vom 30. April 2004, Markets in Financial Instruments Directive (MiFID).

Europäisches Parlament und Rat, Richtlinie 90/314/EWG über Pauschalreisen vom 23. Juni 1990

Europäisches Parlament und Rat, Richtlinie 93/13/EWG über missbräuchliche Klauseln in Verbraucherverträgen vom 5. April 1993.

Europäisches Parlament und Rat, Richtlinie 97/7/EG über den Verbraucherschutz bei Vertragsabschlüssen im Fernabsatz vom 20. Mai 1997.

Europäisches Parlament und Rat, Richtlinie 97/5/EG über grenzüberschreitende Überweisungen vom 27. Januar 1997.

www.ingramcontent.com/pod-product-compliance
Ingram Content Group UK Ltd.
Pitfield, Milton Keynes, MK11 3LW, UK
UKHW021855290926
8980IPUK00005B/856

9 783631 792490